Faluba / Morvay

TAALGIDS

Nederlands
Catalaans Spaans

Nederlandse vertaling:
Fabiënne de Vilder
en Adri Boon

[EDICIONS DE LA MAGRANA]

Kálmán Faluba en Károly Morvay zijn docenten Catalaans resp. Spaans verbonden ann de universiteit van Boedapest.

Deze iutgave is met steun van de Generalitat de Catalunya tot stand gekomen.

Eerste druck: Mei 1993
Tweede druck: Mei 1996
Derde druck: April 1997

Edicions de la Magrana, SA
Pàdua, 83 - 08006 Barcelona

Druck: Novagràfik, Puigcerdà, 127 - 08019 Barcelona
ISBN: 84-7410-663-X
Dipòsit legal: B. 20.598 - 1997

INHOUDSOPGAVE

Voorwoord van de uitgever

Beste lezer,

U heeft zich waarschijnlijk voorgenomen Barcelona te bezoeken. Misschien bent u er ook al eens geweest. Voor u is dit boek bedoeld: een conversatiegid die u vertalingen biedt van de twee in Barcelona gesproken talen, het Catalaans en het Castiliaans. Want hier kunt u werkelijk Catalaans horen spreken, een taal die, als het Italiaans en het Frans, tot de in totaal negen Romaanse talen behoort. Vandaag de dag is het Catalaans wettelijk als de officiële taal van Catalonië erkend en heeft het dezelfde status als het Castiliaans.

Barcelona is de hoofdstad van Catalonië maar ook steden als Figueres, Girona, Lleida, Reus, Vielha enz. behoren tot Catalonië. Het land biedt de reiziger talrijke interessante bezienswaardigheden, die hij zeker niet moet laten liggen: de Costa Brava, het klooster van Montserrat, de onvoltooide kathedraal Sagrada Familia, de Pyreneeën, het Picasso-, Dalí-, Miró- en Tàpiesmuseum of het museum van Romaanse kunst, om slechts een paar voorbeelden te noemen.

Catalonië beschikt over eigen bestuursorganen; het heeft een autonome regering en parlement. Samen met de andere "autonomías" vormt Catalonië een nationale staat: de Balearen en de provincie Valencia genieten een zelfde zelfstandige status. In totaal wordt de Catalaanse taal door ongeveer 10 miljoen mensen gesproken. In het noorden reikt het taalgebied tot het Franse Rousillon en in het zuiden tot Alicante (het zuidelijkste deel van Valencia). In het oosten, op de Balearen, wordt eveneens Catalaans gesproken, en in het westen overschrijdt de taalgrens de grens met Aragon. Iedere afzonderlijke streek heeft natuurlijk zijn eigen dialect, zoals dat bij alle talen het geval is. Gaudí sprak Catalaans, evenals Miró, Dalí en Pau Casals. Picasso, die eigenlijk uit Malaga kwam, leerde de Catalaanse taal tijdens zijn verblijf in Barcelona.

Wilt u zich in het Catalaans oefenen, dan staan u daarvoor kranten, tijdschriften en boeken ter beschikking, evenals drie televisienetten, waarvan er twee uitsluitend programma's in het Catalaans uitzenden. Er bestaan talrijke commerciële radiozenders, waarvan sommige zich in muziek en cultuur gespecialiseerd hebben.

De meeste richtings- en verkeersborden, straatnamen en aanplakbiljetten zijn in het Catalaans. Schrikt u daar niet van. Over het algemeen zijn ze gemakkelijk te ontcijferen of geven ze eveneens de Castiliaanse variant.

We hopen dat deze taalgids nuttig voor u zal zijn, want met dat doel hebben we hem samengesteld. Alle verdere suggesties, alle raadgevingen en bijdragen van uw kant zien we graag tegemoet.

Edicions de la Magrana
Apartat de Correus 9487
08080 Barcelona

0.2 Richtlijnen voor het gebruik van de taalgids.

De taalgids bestaat uit vier hoofdstukken. Het eerste, dat op het voorwoord en de gebruiksaanwijzing volgt, verduidelijkt de uitspraak van het Catalaans en het Castiliaans. Het tweede grote hoofdstuk, dat eerst kort op de grammatica ingaat, is onderverdeeld in dertien paragrafen op onderwerp. Het derde deel bestaat uit een drietalig vocabulaire, en het vierde uit een alfabetische inhoudsopgave op onderwerp.

De zinnen en conversaties staan in de drie talen onder elkaar, met uitzondering van het hoofdstuk «opschriften», dat in twee kolommen gerangschikt is. De linkerkolom bevat in alfabetische volgorde de Catalaanse en Castiliaanse opschriften, en rechts staat de Nederlandse vertaling.

Het hoofdstuk met grammatica geeft eerst het Catalaans en vervolgens de Castiliaanse uitspraak. Om voor een correcte uitspraak de belangrijkste uitspraakregels te verduidelijken, geven we de lezer zowel de Catalaanse als de Castiliaanse versie van een zelfde tekst en een eenvoudige fonetische weergave daarvan in beide talen.

Onder het hoofdstuk grammatica vinden we geen theoretische verhandeling van de beide taalsystemen maar de verduidelijking van enige verbuigingen, in het bijzonder de veranderingen die de verschillende lidwoorden, persoonlijke voornaamwoorden, bezittelijke- en aanwijzende voornaamwoorden enz. ondergaan. Ook vinden we hier voorbeelden van de vervoeging van de onregelmatige werkwoorden ésser, estar, tenir, voler, haver / ser, estar, tener, querer, haber. Wat de vervoeging van Catalaanse en Castiliaanse werkwoorden betreft die een uitvoeriger behandeling vereisen, zullen uitgebreidere grammatica's geraadpleegd moeten worden, die niet moeilijk te vinden zijn.

Onder de titel «Gangbare uitdrukkingen» hebben we uitdrukkingen en formuleringen samengebracht die in concrete gesprekssituaties nuttig kunnen zijn en die in de meeste gevallen ook onafhankelijk van het onderwerp te gebruiken zijn. Dit hoofdstuk bevat formuleringen en zinnen die de gebruiker in staat stellen een eerste contact te maken en dit te verdiepen.

De taalgids biedt hoofdzakelijk eenvoudige, naar onderwerp ingedeelde zinnen, die met elkaar gecombineerd en/of aan de hand van de woordenschat veranderd kunnen worden. Vaak geven we zelf ook enige variaties van zinnen, door een enkel element eenvoudigweg te verwisselen. Deze variaties worden met een schuine streep aangegeven.Is er meer dan één variatie mogelijk, of betreft de verandering een hele woordgroep, dan worden puntjes ingevoegd die opgevuld kunnen worden met de eronder vermelde mogelijkheden zodat er steeds een andere zin ontstaat.

Verbuigingen voor mannelijk en vrouwelijk, enkelvoud en meervoud staan tussen haakjes aangegeven.

Om het gebruik van de taalgids te vergemakkelijken, is achterin een uitgebreid trefwoordenregister opgenomen.

Het vocabulaire, het laatste deel van de taalgids, bevat alleen de strikt noodzakelijke informatie. Zo vermelden we bijna nooit het geslacht als die aan de hand van de context gemakkelijk te begrijpen is. In de regel zijn de op een -a eindigende zelfstandige naamwoorden vrouwelijk , de andere mannelijk. De weinige zelfstandige naamwoorden die hier een uitzondering op vormen, krijgen de toevoeging m (mannelijk) of f vrouwelijk), bijvoorbeeld: dia (m), estació (f). Enkele Catalaanse en Castiliaanse zelfstandig naamwoorden staan uitsluitend in het meervoud. Deze worden met de afkortingen m pl en f pl gekenmerkt. Bij veranderlijke bijvoeglijke naamwoorden wordt zowel de mannelijke als vrouwelijke vorm gegeven.

0.3 **UITSPRAAK.**

De verschillende klanken worden door de volgende fonetische tekens weergegeven:

A:	Toonloze klinker; tussen de *a* en de *e* in.
E:	Korte open e; als in het Nederlandse 'g*e*ld'.
O:	Korte open o; als in het Nederlandse 'p*o*p'.
U:	Als *oe* in boek
·:	Zoals de Franse *g* in '*g*arçon'.
L:	Als in het Nederlandse 'va*l* *j*e' maar als één klank uitgesproken.
Ñ:	Ongeveer als het Nederlandse 'ora*nj*e', maar als één klank uitgesproken.
R:	Krachtig rollende *r*.
Θ:	Zoals het Engelse lispelgeluid in '*th*ing'.
χ:	[tʃ] zoals de Engelse *ch* in 'mu*ch* '.
η	Als de Nederlandse *n*.

Uitspraak van het Catalaans.

Het Catalaanse alfabet heeft zesentwintig letters (uitspraak fonetisch weergegeven):

a (a), b (be), c (se), d (de), e (e), f (efA), g (Ψe), h (ak), i (i), j (ΨotA), k (ka), l (elA), m (emA), n (enA), o (O), p (pe), q (ku), r (erA), s (esA), t (te), u (oe), v (be baχa), w (be dOblA), x (ekis), y (i grega), z (seta).

Het Catalaans kent verscheidene dialecten, als gevolg daarvan bestaan er in de verschillende streken kleine verschillen in uitspraak. Deze taalgids geeft de uitspraak van het centraal-Catalaans dat in Barcelona gesproken wordt.

Klinkers, klemtonen.

Om het Catalaans correct uit te spreken en goed te verstaan, moet men in het bijzonder op de beklemtoning letten en daarom of een van de klinkers een accent heeft. Hij kan op de laatste lettergreep liggen (oxytona), op de voorlaatste (paraoxytona), op de op drie na laatste (proparaoxytona) of op de vierde- of vijf na laatste lettergreep. Niet altijd wordt de beklemtoonde lettergreep met een accentteken weergegeven. Met de accentregels kan men echter ieder Catalaans woord met de klemtoon op de juiste plaats uitspreken. Proparaoxytona worden altijd van een accentteken voorzien, bijv. música, matemàtica.

Paraoxytona dragen geen accentteken als ze eindigen op een klinker of op: -en, -in, -as, -es, -is, -os, -us. Voorbeeld: pedra, fenomen. Wel van een accentteken voorzien zijn bijvoorbeeld: fenòmens, àgil.

Oxytona dragen alleen dan een accentteken als ze op een klinker of op -en, -in,-as, -es, -is, -os, -us, eindigen. Bijvoorbeeld: català, francès. Voorbeeld zonder accent: cordons, estan.

Eenlettergrepige woorden zijn altijd beklemtoond, ze zijn echter alleen dan van een accentteken voorzien als een dubbele betekenis vermeden moet worden. Voorbeeld: més (meer), mes (maand).

Opmerking:
Er bestaat in het Catalaans geen neusklank.

Beklemtoonde klinkers.

Beklemtoonde klinkers kunnen, in tegenstelling tot het Spaans, zowel open als gesloten zijn.

a, à = (a). Een *a* in een beklemtoonde lettergreep is altijd open. Hij kan wel of niet een accentteken hebben. Bijv: clar, mà, italià.

De *e* kan zowel open als gesloten zijn, hij kan wel of niet een accentteken hebben.
e, é = (e). Gesloten *e*, bijv: entén, festa
e, è = (E). Open *e*, bijv.: vostè (bustE).

i, í, ï = (i) De *i* is altijd gesloten en kan een accentteken hebben, bijv:: línea, ví.
Als de *i* belemtoond is maar - tegen de accentregels in- geen accentteken draagt en als deze *i* naast een andere klinker staat waarmee hij verder geen tweeklank vormt, krijgt hij een trema, bijv: veïns.

De *o* kan zowel open als gesloten zijn, wel of niet een accentteken hebben.
o, ó = (o) Gesloten, bijv: sóc, catorze.
o, ò = (O) Open, bijv: transport, lògica.

u, ú, ü = (u) De *u* is altijd gesloten en kan een accentteken hebben, bijv: número. Net als de *i* kan hij een trema hebben: ü. Na een q krijgt de *u* , voor een e en een i, omdat hij uitgesproken moet worden, een trema.

Klinkers in niet beklemtoonde lettergrepen.

Het centraal-Catalaans kent slechts drie niet beklemtoonde klinkers: (i), (u), (A).

- (i) blijft onveranderd.
- (o) en (O) worden *u* (uitgesproken oe).
- (u) blijft onveranderd.
- (e), (E) und (a) worden *A*.

Voorbeelden:

(i) blijft onveranderd. Bijv: de (i) in pi blijft in het afgeleide pineda onveranderd.

(a), (é), (è) worden (A). Bijv: de (a) in mar wordt een (A) in het afgeleide maror (mAró), (e) in vent wordt (A) in het afgeleide ventada (bAntadA), de(E) in alè wordt een (A) in het afgeleide alenar (AlAná).

(u), (o), (O) worden (u). Bijv: de (u) in nul blijft in het afgeleide nul.litat unverändert, de (o) in cotxe wordt (u) in het afgeleide cotxet, de (O) in gros wordt (u) in het afgeleide grosset.

Tweeklanken.

De Catalaanse taal is zeer rijk aan tweeklanken.
Men onderscheidt «dalende tweeklanken» daar waar de **i** of **u** op de tweede plaats komt:

ai/au	aire, caure
ei/eu	feina, greu
iu	viu
oi/ou	noi, pou
ui/uu	cuina, duu

en «stijgende tweeklanken» daar waar een andere klinker aan de **i** of **u** voorаf gaat (viatge, Viella). De uitspraak is in het bijzonder opmerkelijk bij:

qu, gu + a : quatre (kwátrA), aigua (áigwA)
qu, gu + o : quotidià
qu, gu = e : qüestió, aigües
qu, gu = i : obliqüitat, ambigüitat.

De *i* en de *u* kunnen ook verbindingen tussen tweeklanken vormen (zoals bijv. de j in het Nederlandse Jozef).
i (j) : noia, ianqui, iugoslau
u (w) : diuen, cauen

De medeklinkers.

Alle medeklinkers worden uitgesproken, met uitzondering van diegene die aan het eind van een woord na een **n** staan, de **r** aan het eind van een woord en de **h** die altijd stom is (behalve bij plaatsnamen, bijv. Sahara). Voorbeelden: vent (bén), rimar (rimá), hac (ak), blanc (blaŋ).

Aan het einde van een woord worden stemhebbende klinkers stemloos: (b)>(p), (g)>(k), (d)>(t), (·)>(J) (t ·)>(tJ)

b, **v**, **w** (in enige vreemde woorden) worden hetzelfde uitgesproken (b). Bijv: van, Barcelona, veure, watt. Tussen twee klinkers worden zij echter op een licht stemhebbende wijze uitgesproken.

c (voor e, i), **s, ss** (tussen twee klinkers), **ç** (voor a, o, u) = (s). Voorbeeld: cera, sa, rossa, Barça.

s (tussen twee klinkers) **z** = (z).

c (voor a, o, u), **k** (in enkele vreemde woorden), **qu** (voor e, i) = k (als in hetNederlandse «kilo»). Bijv: com , casa, kamikaze, que, qui.

d = (d). Tussen twee klinkers en in verbinding met een andere medeklinker wordt hij echter licht stemhebbend, bijvoorbeeld: dent, Aladí.

f = (f).

g (voor e, i) en **j** (voor a, o, u) = (¥). Als in genie
g (voor a, o, u als gue, gui of medeklinker) = 'k' in het Nederlands. Voorbeeld galta, guix. Tussen twee klinkers of in verbinding met een medeklinker wordt hij stemhebbend.

h wordt nooit uitgesproken.

l = (l). De dubbele l schrijft men als: l.l, bijv: il.lús. Pas op!, niet te verwarren met:
ll, de samensmelting van ‘l+j’ (llum).
m, **n** en **p** als in het Nederlands.

ny = (Ñ) klinkt als 'gn' in «champagne» of «Bologna» (senyor, Catalunya).

r als de *r* (ara, taronja). Echter aan het begin van een woord wordt hij net zo uitgesproken als

rr = krachtig rollende r (terra, ferro).

t = t.

w alleen in vreemde woorden als de Nederlandse 'w' , afhankelijk van regio en sociale klasse als 'oe' (water, Wilfredo).

x, xc = ks (extraordinari, excel.lent).

x, ix = c, zachte Nederlandse ch als in chocolade (xocolata,guix, caixa).

ts = ts, als in het Nederlandse tsaar.

tz = dz, (atzar).

tx, ig = tsj, als in «tjokvol», (cotxe, puig, boig).

tg, tj = dsch, (metge, mitja).

Aansluitend een Catalaanse tekst en een eenvoudige fonetische weergave.

Descubreixi Barcelona
(dAskubreiχi bArsAlonA)

Transports Municipals de Barcelona li proporciona la possibilitat de descobrir al seu aire la ciutat de Barcelona posant al seu servei diversos mitjans de transport que l'acostaran al més característic i interessant de la ciutat.
Per això haurà d'adquirir un bitllet amb validesa per a un o mig dia (a partir de les catorze hores) que li permetrà d'utilitzar lliurement i sense límit de viatges els cinc mitjans: l'autobús línia cent, el tramvia blau, el funicular de Montjuïc, el telefèric de Montjuïc y el funicular del Tibidabo.

Amb el bitllet que vostè adquireixi podrà pujar i baixar a qualsevol de les parades i tantes vegades como ho desitgi.

trAnspOrtz munisipálz dA bArsAlónA li prupursiónA lA pusibilitát dA dAscubrír Al seu áirA lA siutát dA bArsAlónA puzán Al seu sArvEi dibersus mit · ans dA trAnspOrd kAlAkustArán Almés kArAktArístik i intArAsán dA lA siutát.
PAr aXO Aurá dAtkirí un biLEt Am bAlidEzA pArún O mit · díA A pArtí dA lAs kAtórzA OrAs kA li pArmAtrá dutilidzá LiuramAmén i sensA límid dA biá · Az Als sink mit · ánz: lAutubúz líniA sén Al trAmbíA bláu Al funikulá dA mon · uík Al tAlAfErik dA mon · uík iAl funikulá dAl tibidabu.

AmbAl biLEt kA bustE AtkirEχi pudrá pu · á i ba · áakwalsAbOl dA lAs pArádAs i tántAz bAgádAs kOmu dAzít · i.

Ontdek Barcelona

Het openbaar vervoer van Barcelona stelt u meerdere transportmiddelen ter beschikking, die u op de meest karakteristieke en interessante plekken van de stad brengen, en zo de mogelijkheid biedt de gehele stad op eigen houtje te ontdekken.
U kunt daarvoor een dagkaart of een halve dagkaart (geldig vanaf 14.00 uur) verkrijgen die u ongelimiteerd in de vijf verschillende vervoersmiddelen gebruiken kunt: in buslijn 100, in de «tramvia blau» (de blauwe tram), in de twee kabelbanen van de Montjüic en voor de kabelbaan op de Tibidabo.
Met deze kaart kunt u op iedere halte naar keus in- en uitstappen en zo vaak u maar wilt.

Uitspraak van het Spaans.

Het Spaanse alfabet heeft dertig letters:

a (a), b (be), c (Θe), ch (ché), d (de), e (e), f (efe), g (Xe), h (atsche), i (i), j (Xota), k (ka), l (ele), ll (eLe), m (eme), n (ene), ñ (eÑe), o (o), p (pe), q (ku), r (ere), rr (eRe), s (ese), t (te), u (oe), v (oebe), w (oebe doble), x (ekis), y (i griéga), z (Θeta).

Het Castiliaans kent verschillende dialekten en als gevolg daarvan bestaan er lichte verschillen in uitspraak in de verschillende streken. Deze taalgids geeft de uitspraakregels van het gestandaardiseerde Castiliaans, dat op het grootste gedeelte van het Iberisch schiereiland gesproken wordt.

Klinkers, klemtonen.

Om het Castiliaans correct uit te spreken en goed te verstaan moet men in het bijzonder op de de juiste beklemtoning letten en daarom of een van de klinkers een accentteken heeft. Die kan op de laatste lettergreep staan (oxytona), op de voorlaatste (paraoxytona), op de drie na laatste (proparaoxytona) of op de vier- of vijf na laatste lettergreep. Niet altijd wordt de beklemtoonde lettergreep ook door een accentteken weergegeven. Met de accentregels kan ieder Catalaans woord uitgesproken worden.

Proparaoxytona hebben altijd een accentteken, bijv: pérdida, Península Ibérica.

Paraoxytona hebben alleen dan een accent als het woord op een klinker, op **n** of **s** eindigt. Bijvoorbeeld: árbol, tótem (met accentteken geschreven) of: casa, piedra, España (zonder accentteken geschreven).

Oxytona hebben alleen dan een accent als het woord op **n** of **s** eindigt, Bijvoorbeeld: catalán, alemán, comió (met accentteken geschreven) en español, cristal (zonder accentteken).

Eenlettergrepige woorden worden altijd beklemtoond, ze zijn echter alleen dan van een accentteken voorzien, als een dubbele betekenis vermeden moet worden, bijv: más (meer) - mas (maar), te (jou) - té (thee).

Opmerkingen.

In het Castiliaans worden alle klinkers uitgesproken.

Men onderscheidt de gewone klinkers en klinkers in diftongen (tweeklanken). Het Castiliaans maakt geen verschil tussen korte en lange klinkers. De Spaanse klinkers lijken op de Nederlandse korte klinkers. De letter **u** wordt voor een **-e** en een **-i** niet uitgesproken (que, qui, gue, gui). Neusklanken kent het Castiliaans niet.

Niet beklemtoonde lettergrepen.

Iedere klinker kan in het Castiliaans zonder klemtoon zijn en kan op iedere willekeurige plek binnen het woord staan. Voorbeeld: carro (kàRo) > carretera (kaRétera).

Tweeklanken.

De Castiliaanse taal is zeer rijk aan tweeklanken.
Men maakt onderscheid tussen «dalende tweeklanken» daar waar de **i** of de **u** op de tweede plaats komt:

ai/ay/au aire, fray, causa
ei/ey/eu reina, rey, Europa
oi/oy boina, soy
ui/uy ruido, muy

en « stijgende tweeklanken» daar waar een andere klinker aan de **i** of **u** vooraf gaat; dit komt in het Castiliaans het meest voor:

ia/ya viaje, yacer
ie/ye tierno, Yerma
io/yo idioma, Nueva York
iu/yu ciudad, Yugoslavia
ua ritual
ue puerta
ui buitre
uo antiguo

De medeklinkers.

Opmerking: Alle medeklinkers worden uitgesproken, met uitzondering van de **h**, die nooit uitgesproken wordt (met uizondering van plaatsnamen, bijv:Sahara). In het Castiliaans worden medeklinkers in de regel nooit verdubbeld. De **s** is meestal stemloos.

b, v twee lettertekens voor dezelfde klank : als de Ndl. ' b '. Tussen twee klinkers in wordt het echter een slappe 'b', die doet denken aan de letter 'w'. Hetzelfde geldt voor de **v**: avión, cava.

c voor *a* en *o* en *u* als **k** (in sommige vreemde woorden).
qu voor *e* en *i* als **k** als in het Nldse «kilo». Voorbeeld: como, casa, kamikaze, queso.

c voor *e* en *i* als **z** = Θ,d.w.z. als de Engelse 'th' in «thing», vaak echter nog meer gearticuleerd dan deze, zodat het puntje van de tong tussen de tanden zichtbaar wordt. Voorbeeld: centro, zapato, zorro, cinta, zinc.

ch als de Engelse'ch' in «much» of als de Italiaanse 'c' in «ciao». Voorbeeld: chocolate, muchacho.

d in het begin van woorden, na een pauze en na de *l* en *n* als de Ndlse 'd' uitgesproken (domingo, diente). Op de tweede plaats als de Engelse 'th' in *th*is (cerdo, rueda) en aan het einde van een woord wordt de 'd' meestal zeer zwak uitgesproken. Voorbeeld: Madrid, ciudad.

f zoals de Nederlandse 'f'. Voorbeeld: francés, faro.

g voor *a*, *o*, *u* of medeklinker als de Franse 'g' in '*g*arçon'. Voorbeeld:tango, gracias, un gato.
Voor *e* en *i* ongeveer als in het Ndlse 'ka*ch*el'. Voorbeeld: Argentina, gente, gitano. Opmerking: als de 'u' na de 'g' uitgesproken wordt krijgt deze een trema. Voorbeeld: cigüeña.

h wordt nooit uitgesproken. Voorbeeld: hombre, hacer.

j als in het Ndlse 'ka*ch*el'. Voorbeeld: Don Quijote.

l als in het Nederlands maar nooit 'dik'. Voorbeeld: los libros.

ll ongeveer als in het Nederlandse 'va*lj*e', maar als één klank uitgesproken. Voorbeeld: Sevilla, calle, llevar.

m, **n** en **p** als in het Nederlands. Voorbeeld: mama, una noche, pero.
ñ als 'gn' in «Champagne» of «Bologna» . Voorbeeld: señor, España.

r middenin of aan het eind van een woord een korte rollende 'r' (matador, caro, torero)., Aan het eind van een woord of na '*n*, *l*, *s*' een krachtig rollende 'r' (Roma, honra), die net zo uitgesproken wordt als

rr krachtig, rollende 'r'. Voorbeeld:perro, carro.

s licht uitgesproken. Voorbeeld: España, sobre. Voor een stemhebbende medeklinker wordt hij licht stemhebbend. Bijv: buenos días, mismo, los libros. Voor de r verdwijnt hij vaak. Bijv: Las Ramblas.

t als de Nederlandse 't'. Voorbeeld: también, botella.

w alleen in leenwoorden als 'w'. Voorbeeld: whisky. In andere gevallen als u/v.

x als in het Nederlands. Voorbeeld: examen, existir.

y als de Nederlandse 'j'. Voorbeeld: desayuno, ya. In het woord 'y' als 'i'.

z zie c.

Aansluitend een Castiliaanse tekst en een eenvoudige fonetische weergave.

Descubra Barcelona
Deskúbra barΘelóna

Transportes Municipales de	transpórtez muniΘipález de
Barcelona le proporciona	barΘelóna le proporΘióna
la posibilidad de descubrir	la posibilidad de deskubrir
a su aire la ciudad de	a su àire la Θiudád de
Barcelona poniendo a su	barΘelóna poniéndo a su
servicio diferentes medios	seRbíΘio diferéntes médioz
de transporte que le	de tranzpórte ke le
acercarán a lo más	aΘeRkarán a lo más

característico e interesante
de la ciudad. Para ello
deberá adquirir un billete
con validez para uno o
medio día (a partir de las
catorce horas) que le
permitirá utilizar libre-
mente y sin límite de
viajes los cinco medios:
el autobús línea cien, el
tranvía azul, el funicular
de Montjuïc, el teleférico
de Montjuïc y el funicular
del Tibidabo.
Con el billete que usted
adquiera podrá subrir y
apearse en cualquiera de
sus paradas y tantas
veces como lo desee.

karakterístico e interesànte
de la Θiudàd pára eljo
deberà atkirir un biljéte
kon balidéΘ pàra úno o
médio día a partir de las
katóΘe óras ke le
permitirá utiliΘár líbre-
mènte i sin límite de
biáches los Θínko médios:
el autobús línea Θién, el
trambía aΘul. el funikulár
de monchuík, el téléfériko
de monchuík i el funikulár
del tibidábo.
kon el biljéte ke ustéd
atkjéra podrá subír i
apeárse en kualkiéra de
sus paradáz i támtaz
béΘes kómo lo desé.

Ontdek Barcelona

Het openbaar vervoer van Barcelona stelt u meerdere transportmiddelen ter beschikking, die u op de meest karakteristieke en interessante plekken brengen, en zo de mogelijkheid biedt de gehele stad op eigen houtje te ontdekken
U kunt daarvoor een dagkaart of een halve dagkaart (geldig vanaf 14.00 uur) verkrijgen die u ongelimiteerd in de vijf verschillende vervoersmiddelen gebruiken kunt: in buslijn 100, in de «tramvia azul» (blauwe tram), in de twee kabelbanen van de Montjüic en voor de kabelbaan op de Tibidabo.
Met deze kaart kunt u op iedere halte naar keus in- en uitstappen en zo vaak u maar wilt.

Een paar oefenvoorbeelden.

Wilt u alstublieft	Faci el favor (Fási Al fAbór)	Haga el favor (ága el fabór)
Goedendag, meneer	Bon dia, senyor (bòndíA sAÑó)	Buenos días, señor (buénos días seÑór)
Tot ziens, mevrouw	Adéu, senyora (Adéu sAÑórA)	Adiós, senyora (adiós seÑóra)
Dank u wel voor uw hulp, juffrouw	Gràcies per la seva ajuda, senyoreta (grásiAs pAr lA sébA A¥údA sAÑurétA)	Gracias por su ayuda, señorita (gràΘias por su aiúda seÑoríta)
Ik ben Hollander	Sóc holandès (sOk olandès)	Soy holandés (sói olandés)
Ik heet Hans de Vries	Em dic Hans de Vries (Am dik hans dé bries)	Me llamo Hans de Vries (Me Lámo hans dé bries)
Ik versta u niet	No l'entenc (no lAnténk)	No le entiendo no lentiéndo)
Kunt u herhalen wat u gezegd heeft?	Vol repetir el que ha dit? (bòl rApAtíAl ka dit?)	¿Quiere repetir lo que ha dicho? (kiére Repetír lo keá dítscho?)
Spreekt u alstublieft langzaam	Per favor, parli a poc a poc (pAr fAbór párli ApOkApOk)	Por favor, hable despacio (por fabór áble despáΘio)
Wilt u mij helpen?	Vol ajudar-me? (bOl A¥udármA?)	¿Quiere ayudarme? (kiére aiudárme?)

Ik wil graag een kamer voor drie nachten	Em cal una habitació per a tres nits (Am kal unAbitAsió pArAtrEs nits)	Necesito una habitación para tres noches (neΘesíto únabitaΘiOn para trEs nótsches)
Waar is een telefooncel?	On hi ha una cabina telefònica? (óniá únA kAbínA tAlAfOnikA?)	¿Dónde hay una cabina telefónica? (¿dóndeái una kabína telefónika?)
Is het ver van hier?	És lluny d'aqui? (és LuÑ dAkí?)	¿Está lejos de aquí? (¿està leXos deakí?)
Hoeveel kost het?	Quant costa? (kuán kOstA?)	¿Cuánto cuesta? (¿kuánto kuésta?)
Brengt u me een biertje	Porti'm una cervesa (pórtim únA sArbézA)	Tráigame una cerveza (tráigame úna ΘerbéΘa)
Hoeveel krijgt u van me?	Quan li dec? (kuán li dék?)	Cuánto le debo? (kuánto le débo?)
We reizen met de auto	Viatgem amb cotxe (biAdschém Am kótschA)	Viajamos en coche (biaXámos en kótsche)
We komen 16 mei aan	Arribarem el setze de maig (ARibArém Al sétzA dA mátch)	Llegaremos el dieciséis de mayo (Legarémos el dieΘiséis de máio)

1. **GRAMMATICA**. GRAMÀTICA. *GRAMÁTICA*

1.1 **Voorzetsels**. Preposicions. *Preposiciones*

Naar Barcelona
A Barcelona
A Barcelona

In Barcelona
A Barcelona
En Barcelona

Van Barcelona
De Barcelona
De Barcelona

Naar Peters huis
A casa d'en Pere
A casa de Pedro

Bij Peter thuis
A casa d'en Pere
En casa de Pedro

Van Peters huis vandaan
De casa d'en Pere
De casa de Pedro

Naast de kathedraal, bij de kathedraal
Al costat de la catedral, vora la catedral
Al lado de la catedral, junto a la catedral

Voor het feest
Abans de les festes
Antes de las fiestas

Na aankomst
Després d'arribar
Después de llegar

Met rijst
Amb arròs
Con arroz

Zonder prik
Sense gas
Sin gas

Achter de toren
Darrere la torre
Detrás de la torre

Voor het gebouw
Davant l'edifici
Delante del edificio

Tijdens de reis
Durant el viatge
Durante el viaje

Tussen het centrum en het hotel
Entre el centre i l'hotel
Entre el centro y el hotel

Voor Maria
Per a la Maria
Para María

Door iedereen geaccepteerd
Acceptat per tothom
Aceptado por todo el mundo

Op tafel
Sobre la taula, damunt la taula
Sobre la mesa, encima de la mesa

Onder het bed
Sota el llit
Debajo de la cama

In de omgeving van
Al voltant de
Alrededor de

Vanaf
Des de
Desde

Naar
Cap a
Hacia

Tot
Fins a
Hasta

Volgens
Segons
Según

1.2 **Het lidwoord**. L'article. *El artículo*

De maand
El mes
El mes

De maanden
Els mesos
Los meses

Het jaar
L'any
El año

De jaren
Els anys
Los años

De week
La setmana
La semana

De weken
Les setmanes
Las semanas

Het seizoen
L'estació
La estación

De seizoenen
Les estacions
Las estaciones

1.3**Vragende voornaamwoorden**. Interrogatius.*Interrogativos*

Hoe oud bent u?
Quants anys té?
¿Cuántos años tiene?

Hoe gaat het met u?
Com està?
¿Cómo está?

Waar is dat?
On és?
¿Dónde está?

Waar gaat u heen?
A on va?
¿Adónde va?

Waar komt u vandaan?
D'on ve?
¿De dónde viene?

Wie heeft het gezien?
Qui ho ha vist?
¿Quién lo ha visto?

Aan wie heeft u het gegeven?
A qui l'ha donat?
¿A quién lo ha entregado?

Wie wilt u bezoeken?
A qui vol visitar?
¿A quién quiere visitar?

Van wie heeft u dat gekregen?
De qui l'ha rebut?
¿De quién lo ha recibido?

Met wie reist u?
Amb qui viatja?
¿Con quién viaja?

Waar gaat deze trein heen?
Fins on va aquest tren?
¿Hasta dónde va este tren?

Welke wenst u?
Quin desitja?
¿Cuál desea?

Tot wanneer blijft u in Spanje?
Fins quan es queda a Espanya?
¿Hasta cuándo se queda en España?

Met wie van de twee heeft u gesproken?
Amb quin dels dos ha parlat?
¿Con cuál de los dos ha hablado?

Hoeveel benzine wilt u?
Quanta gasolina vol?
¿Cuánta gasolina quiere?

Hoeveel kost het?
Quant costa? Quant val?
¿Cuánto cuesta? ¿Cuánto vale?

Wat is dat?
Què és això?
¿Qué es esto?

Welke kleur heeft het?
De quin color és?
¿De qué color es?

Waarom gaat u weg?
Per què se'n va?
¿Por qué se va?

Wanneer kunnen we elkaar zien?
Quan podem veure'ns?
¿Cuándo podemos vernos?

Hoe is het? Wat voor ...?
Com és? Quina mena?
¿Cómo es? ¿Qué tipo?

Hoe is uw kamer?
Com és la seva habitació?
¿Cómo es su habitación?

Wat voor kamer wenst u?
Quina mena d'habitació desitja?
¿Qué habitación desea?

Waar wilt u de stof voor gebruiken?
Per a què vol la roba?
¿Para qué quiere la tela?

Wat wenst u?
Què desitja?
¿Qué desea?

Wat heeft u graag bij het vlees?
Amb què desitja la carn?
¿Con qué desea la carne?

1.4 **Persoonlijke voornaamwoorden**
Els pronoms personals
Los pronombres personales

Ik zing
(jo) canto
(yo) canto

Jij zingt
(tu) cantes
(tú) cantas

Hij zingt
(ell) canta
(él) canta

Zij zingt
(ella) canta
(ella) canta

Wij zingen
(nosaltres) cantem
(nosotros) cantamos

Jullie zingen
(vosaltres) canteu
(vosotros) cantais

Zij zingen (mv)
(ells) canten
(ellos) cantan

Zij zingen (vr.)
(elles) canten
(ellas) cantan

Wie?
Qui?
¿Quién?

Wie is dat?
Qui és?
¿Quién es?

Ik. Ik ben het
Jo. Sóc jo
Yo. Soy yo

Jij. Jij bent het
Tu. Ets tu
Tú. Eres tú

Hij. Hij is het
Ell. És ell
Él. Es él

Zij. Zij is het
Ella. És ella
Ella. Es ella

U. U bent het
Vostè. És vostè
Usted. Es usted

Wij. Wij zij het
Nosaltres. Som nosaltres
Nosotros. Somos nosotros

Jullie. Jullie zijn het
Vosaltres. Sou vosaltres
Vosotros. Sois vosotros

Zij. Zij zijn het (m/v, mv)
Ells. Són ells / elles
Ellos. Son ellos / ellas

U. U bent het (mv)
Vostès. Són vostès
Ustedes. Son ustedes

Deze meneer
Aquest senyor
Este señor

Die vrouw daar
Aquella senyora
Aquella señora

Deze heren
Aquests senyors
Estos señores

Tot wie moet ik mij wenden?
A qui caldria dirigir-se?
¿A quién habría que dirigirse?

Tot mij
A mi
A mí

Tot jou
A tu
A ti

Tot hem / haar
A ell / ella
A él / ella

Tot u
A vostè
A usted

Tot ons
A nosaltres
A nosotros / nosotras

Tot jullie
A vosaltres
A vosotros / vosotras

Tot hen (m) / (v)
A ells / elles
A ellos / ellas

Tot u (mv.)
A vostès
A ustedes

Tot deze mevrouw
A aquesta senyora
A esta señora

Tot deze meneer
A aquell senyor
A aquel señor

Tot deze dames
A aquestes senyores
A estas señoras

Met wie wilt u spreken?
Amb qui desitja parlar?
¿Con quién desea hablar?

Met mij
Amb mi
Conmigo

Met jou
Amb tu
Contigo

Met hem / haar
Amb ell / ella
Con él / ella

Wie roepen ze?
A qui criden?
¿A quién llaman?

Mij. Ze roepen mij
A mi. Em criden a mi
A mí. Me llaman a mí

Jou. Ze roepen jou
A tu. Et criden a tu
A ti. Te llaman a ti

Hem. Ze roepen hem
A ell. El criden a ell
A él. Le llaman a él

Haar. Ze roepen haar
A ella. La criden a ella
A ella. La llaman a ella

U. Ze roepen u
A vostè. El / la criden a vostè
A usted. Le / la llaman a usted

Ons. Ze roepen ons
A nosaltres. Ens criden a nosaltres
A nosotros -as. Nos llaman a nosotros -as

Jullie. Ze roepen jullie
A vosaltres. Us criden a vosaltres
A vosotros -as. Os llaman a vosotros -as

Zij. Ze roepen hen (m /v, mv)
A ells, elles.Els criden a ells, elles
A ellos / ellas. Les llaman a ellos /ellas

U. Ze roepen u (mv.)
A vostès. Els / les criden a vostès
A ustedes. Les / las llaman a ustedes

1.5 **Bezittelijke voornaamwoorden.**
Els possessius. *Los posesivos*

Van wie is dat?
De qui és?
¿De quién es?

Van wie is dit boek?
De qui és aquest llibre?
¿De quién es este libro?

Het is van mij. Het is mijn boek
És meu. És el meu llibre
Es mío. Es mi libro

Het is van jou. Het is jouw boek
És teu. És el teu llibre
Es tuyo. Es tu libro

Het is van hem. Het is zijn boek
És seu. És el seu llibre
Es suyo. Es su libro

Het is van haar. Het is haar boek
És d'ell / d'ella. És el llibre d'ell / d'ella
Es de él / ella. Es el libro de él / ella

Het is van u. Het is uw boek
És de vostè. És el llibre de vostè
Es de usted. Es el libro de usted

Het is van meneer Roca. Het is het boek van meneer Roca
És del senyor Roca. És el llibre del senyor Roca
Es del señor Roca. Es el libro del señor Roca

Het is van ons. Het is ons boek
És nostre. És el nostre llibre
Es nuestro. Es nuestro libro

Het is van jullie. Het is jullie boek
És vostre. És el vostre llibre
Es vuestro. Es vuestro libro

Het is van hem. Het is zijn boek
És seu. És el seu llibre
Es suyo. Es su libro

Het is van hen. Het is hun boek (m/v)
És d'ells / d'elles. És el llibre d'ells / d'elles
Es de ellos / ellas. Es el libro de ellos / ellas

Het is van u. Het is uw boek (mv.)
És de vostès. És el llibre de vostès
Es de ustedes. Es el libro de ustedes

Van wie is deze brief?
De qui és aquesta carta?
¿De quién es esta carta?

Hij is van mij. Het is mijn brief
És meva. És la meva carta
Es mía. Es mi carta

Hij is van jou. Het is jouw brief
És teva. És la teva carta
Es tuya. Es tu carta

Hij is van hem. Het is zijn brief
És seva. És la seva carta
Es suya. Es su carta

Mijn broer is groot
El meu germà és alt
Mi hermano es alto

Jouw zus is aardig
La teva germana és simpàtica
Tu hermana es simpática

Onze familie is erg groot
La nostra família és molt gran
Nuestra familia es muy grande

Onze ouders en die van jou kennen elkaar niet
Els nostres pares i els vostres no es coneixen
Nuestros padres y los vuestros no se conocen

1.6 **Aanwijzende voornaamwoorden.**
Els demostratius.
Los demostrativos

Welke? Wat?
Quin? Què?
¿Cuál? ¿Qué?

Dit plein
Aquesta plaça
Esta / esa plaza

Deze huizen
Aquestes cases
Estas / esas casas

Die caravan daar
Aquella caravana
Aquella caravana

Die bergen daar
Aquelles muntanyes
Aquellas montañas

Deze trein
Aquest tren
Este / ese tren

Deze kaartjes
Aquests bitllets
Estos / esos billetes

Dat schip daar
Aquell vaixell
Aquel barco

Die gebouwen daar
Aquells edificis
Aquellos edificios

Wat is dat?
Què és això?
¿Qué es esto / eso?

Dit is een taalgids
Això és una guia de conversa
Esto / eso es una guía de conversación

Dit bevalt me niet
Això no m'agrada
Esto / eso no me gusta

1.7 **Persoonsbeschrijving. Vergelijking**
Descripció de persones. Comparació
Descripción de personas. Comparación

Paul is een meter tachtig lang
En Pau fa un metre vuitanta
Pablo mide un metro ochenta

Martha is een meter zestig lang
La Marta fa un metre seixanta
Marta mide un metro sesenta

Paul is veel groter dan Martha
En Pau és molt més alt que la Marta
Pablo es mucho más alto que Marta

Martha is kleiner dan Paul
La Marta és més baixa que en Pau
Marta es más baja que Pablo

Paul is erg groot
En Pau és molt alt
Pablo es muy alto

Bernard is erg mager
En Bernat és molt prim
Bernardo es muy delgado

Karel is even groot als Bernard
En Carles és tan alt com en Bernat
Carlos es tan alto como Bernardo

Karel weegt tachtig kilo, Bernard vijfenzestig
En Carles pesa vuitanta quilos, en Bernat seixanta-cinc
Carlos pesa ochenta kilos, Bernardo sesenta y cinco

Bernard is magerder dan Karel
En Bernat és més prim que en Carles
Bernardo es más delgado que Carlos

Bernard is erg mager
En Bernat és primíssim
Bernardo es delgadísimo

Bernard is te mager
En Bernat és massa prim
Bernardo es demasiado delgado

Bernard is helemaal niet dik
En Bernat no és gens gras
Bernardo no es nada gordo

1.8 Vervoeging. Regelmatige werkwoorden
Conjugació. Verbs regulars
Conjugación. Verbos regulares

Spreken
Parlar
Hablar

Ik spreek
Parlo
Hablo

Jij spreekt
Parles
Hablas

	Hij / zij / u spreekt Parla *Habla*	**Wij spreken** Parlem *Hablamos*
	Jullie spreken Parleu *Habláis*	**Zij spreken** Parlen *Hablan*
Vrezen Témer *Temer*	**Ik vrees** Temo *Temo*	**Jij vreest** Tems *Temes*
	Hij / zij / u vreest Tem *Teme*	**Wij vrezen** Temem *Tememos*
	Jullie vrezen Temeu *Teméis*	**Zij vrezen** Temen *Temen*
verbinden Unir *Unir*	**Ik verbind** Uneixo *Uno*	**Jij verbindt** Uneixes *Unes*
	Hij / zij / u verbindt Uneix *Une*	**Wij verbinden** Unim *Unimos*
	Jullie verbinden Uniu *Unís*	**Zij verbinden** Uneixen *Unen*

1.9 Vervoeging. Onregelmatige werkwoorden
Conjugació. Verbs irregulars
Conjugación. Verbos irregulares

Het werkwoord zijn
(bij blijvende eigenschappen of met zelfst. nw.)
El verb d'existència ésser / ser
(Amb propietats permanents o amb substantius)
El verbo de existencia ser
(Con propiedades permanentes o con sustantivos)

Ik ben groot. Ik ben tandarts
Sóc alt -a. Sóc dentista
Soy alto -a. Soy dentista

Jij bent groot. Jij bent tandarts
Ets alt -a. Ets dentista
Eres alto -a. Eres dentista

Hij zij is groot. Hij zij is tandarts
És alt -a. És dentista
Es alto -a. Es dentista

Wij zijn groot. Wij zijn tandartsen
Som alts -es. Som dentistes
Somos altos -as. Somos dentistas

Jullie zijn groot. Jullie zijn tandartsen
Sou alts -es. Sou dentistes
Sois altos -as. Sois dentistas

Zij zijn groot. Zij zijn tandartsen
Són alts -es. Són dentistes
Son altos -as. Son dentistas

Het werkwoord zijn (bij verkregen of tijdelijke eigenschappen)
El verb d'existència estar (Amb propietats adquirides o transitòries)
El verbo de existencia estar (Con propiedades adquiridas o transitorias)

Ik ben moe
Estic cansat -ada
Estoy cansado -a

Jij bent moe
Estàs cansat -ada
Estás cansado -a

Hij / zij is moe / U bent moe
Està cansat -ada
Está cansado -a

Wij zijn moe
Estem cansats -ades
Estamos cansados -adas

Jullie zijn moe
Esteu cansats -ades
Estáis cansados -adas

Zij zijn moe
Estan cansats -ades
Están cansados -adas

Het bezitaanduidende werkwoord hebben
El verb de possessió tenir
El verbo de posesión tener

Ik heb	**Jij hebt**	**Hij zij heeft**
Tinc	Tens	Té
Tengo	*Tienes*	*Tiene*
Wij hebben	**Jullie hebben**	**Zij hebben**
Tenim	Teniu	Tenen
Tenemos	*Tenéis*	*Tienen*

1.10 **Hoeveelheid**. Quantitatius. *Cuantitativos*

U kunt hier zo lang blijven als u wilt
Pot passar aquí tant de temps com vulgui
Puede pasar aquí tanto tiempo como quiera

Deze winkel is de hele dag geopend
Aquesta botiga està oberta tot el dia
Esta tienda está abierta todo el día

Ik wil graag wat kado's kopen
Voldria comprar uns regals
Quisiera comprar unos regalos

Ik heb genoeg kado's gekocht
He comprat bastants / prou regals
He comprado bastantes regalos

Ik heb weinig geld
Tinc pocs diners
Tengo poco dinero

Vandaag is het minder zonnig / zonniger dan gisteren
Avui fa menys / més sol que ahir
Hoy hace menos / más sol que ayer

We willen iedere dag naar het strand gaan
Volem anar a la platja tots els dies
Queremos ir a la playa todos los días

Iedere kamer heeft een koelkast
Cada habitació té nevera
Cada habitación tiene nevera

We willen hier een paar dagen doorbrengen
Volem passar aquí un parell de dies
Queremos pasar aquí un par de días

Ik begrijp alles
Ho entenc tot
Lo entiendo todo

Ik begrijp niets
No entenc res
No entiendo nada

Ik heb veel / zeer veel vragen
Tinc moltes / moltíssimes preguntes
Tengo muchas / muchísimas preguntas

1.11 Hoofdtelwoorden
Numerals cardinals
Numerales cardinales

0	**Nul** Zero *Cero*	**1**	**Een** Un -a *uno / un -a*	**2**	**Twee** Dos, dues *Dos*
3	**Drie** Tres *Tres*	**4**	**Vier** Quatre *Cuatro*	**5**	**Vijf** Cinc *Cinco*
6	**Zes** Sis *Seis*	**7**	**Zeven** Set *Siete*	**8**	**Acht** Vuit *Ocho*
9	**Negen** Nou *Nueve*	**10**	**Tien** Deu *Diez*	**11**	**Elf** Onze *Once*
12	**Twaalf** Dotze *Doce*	**13**	**Dertien** Tretze *Trece*	**14**	**Veertien** Catorze *Catorce*

	Dutch	Catalan	Spanish
15	**Vijftien**	Quinze	*Quince*
16	**Zestien**	Setze	*Dieciséis*
17	**Zeventien**	Disset	*Diecisiete*
18	**Achttien**	Divuit	*Dieciocho*
19	**Negentien**	Dinou	*Diecinueve*
20	**Twintig**	Vint	*Veinte*
21	**Eenentwintig**	Vint-i-u-n -una	*Veintiuno / veintiún -a*
22	**Tweeëntwintig**	Vint-i-dos	*Veintidós*
23	**Drieëntwintig**	Vint-i-tres	*Veintitrés*
24	**Vierentwintig**	Vint-i-quatre	*Veinticuatro*
30	**Dertig**	Trenta	*Treinta*
33	**Drieëndertig**	Trenta-tres	*Treinta y tres*
40	**Veertig**	Quaranta	*Cuarenta*
50	**Vijftig**	Cinquanta	*Cincuenta*
60	**Zestig**	Seixanta	*Sesenta*
70	**Zeventig**	Setanta	*Setenta*
80	**Tachtig**	Vuitanta	*Ochenta*
90	**Negentig**	Noranta	*Noventa*
100	**Honderd**	Cent	*Cien /Ciento*
105	**Honderdenvijf**	Cent cinc	*Ciento cinco*
170	**Honderdzeventig**	Cent setanta	*Ciento setenta*
200	**Tweehonderd**	Dos-cents, dues-centes	*Doscientos -as*
300	**Driehonderd**	Tres-cents -centes	*Trescientos -as*

400 **Vierhonderd**
Quatre-cents -centes
Cuatrocientos -as

500 **Vijfhonderd**
Cinc-cents -centes
Quinientos -as

600 **Zeshonderd**
Sis-cents -centes
Seiscientos -as

700 **Zevenhonderd**
Set-cents -centes
Setecientos -as

800 **Achthonderd**
Vuit-cents -centes
Ochocientos -as

900 **Negenhonderd**
Nou-cents -centes
Novecientos -as

1000 **Duizend**
Mil
Mil

1001 **Duizend en een**
Mil u-n -a
Mil uno / un -a

1992 **Negentienhonderdtweeënnegentig**
Mil nou-cents noranta-dos
Mil novecientos noventa y dos

2000 **Tweeduizend**
Dos / dues mil
Dos mil

Een miljoen
Un milió
Un millón

Een miljard
Mil milions
Mil millones

1.12 Rangtelwoorden
Numerals ordinals
Numerales ordinales

Eerste
Primer -a
Primer-o -a

Tweede
Segon -a
Segundo -a

Derde
Tercer -a
Tercer-o -a

Vierde
Quart -a
Cuarto -a

Vijfde
Cinquè -ena
Quinto -a

Zesde
Sisè -ena
Sexto -a

Zevende
Setè -ena
Séptimo -a

Achtste
Vuitè -ena
Octavo -a

Negende
Novè -ena
Noveno -a

Tiende
Desè -ena
Décimo -a

Elfde
Onzè -ena
Undécimo -a

Twaalfde
Dotzè -ena
Duodècimo -a

1.13 **Breukgetallen**
Nombres trencats / fraccionaris
Números quebrados / fraccionarios

Een half
Mig, mitja, meitat (f)
Medio -a, mitad (f)

Een derde
Un terç
Un tercio

Een vierde
Un quart
Un cuarto

Een vijfde
Un cinquè
Un quinto

Een zesde
Un sisè
Un sexto

Een zevende
Un desè
Un décimo

Een honderdste
Un centèssim
Un centésimo

Twee derde
Dos terços
Dos tercios

Drie vierde
Tres quarts
Tres cuartos

1.14 **Hoe laat is het? Pardon, kunt u me zeggen hoe laat het is?**
Quina hora és? Perdoni, pot dir-me l'hora?
¿Qué hora es? Perdone, ¿puede decirme la hora?

Het is een uur
És la una
Es la una

Het is ongeveer twee uur
Són les dues aproximadament
Son las dos aproximadamente

Het is drie / acht / elf uur precies
Són les tres / vuit / onze en punt
Son las tres / ocho / once en punto

Het is over negenen
Són les nou tocades
Son las nueve pasadas

Het is kwart over twaalf
És un quart d'una
Son las doce y cuarto

Het is kwart over een
És un quart de dues
Es la una y cuarto

Het is half een
Són dos quarts d'una
Son las doce y media

Het is kwart over drie / vier / vijf
És un quart de quatre / cinc / sis
Son las tres / cuatro / cinco y cuarto

Het is half twee
Són dos quarts de dues
Es la una y media

Het is kwart voor een
Són tres quarts d'una
Es la una menos cuarto

Het is half zeven / negen / twaalf
Són dos quarts de set / nou / dotze
Son las seis / ocho / once y media

Het is kwart voor twee
Són tres quarts de dues
Son las dos menos cuarto

Het is kwart voor acht / tien / twaalf
Són tres quarts de vuit / deu / dotze
Son las ocho / diez / doce menos cuarto

Het is tien over een
És la una i deu minuts
Es la una y diez minutos

Het is vijf over half zeven
Són dos quarts i cinc (-minuts) de set
Son las seis y treinta y cinco (-minutos)

Het is tien voor acht
Són les vuit menys deu(-minuts). Són tres quarts i cinc de vuit
Son las ocho menos diez -minutos

Het is vijf voor half zeven
Són dos quarts menys cinc (-minuts) de set
Son las seis y veinticinco (-minutos)

Het is tien over half acht
Són tres quarts menys cinc -minuts de vuit
Son las ocho menos veinte (-minutos)

Het is twaalf uur's middags
És migdia
Es mediodía

Het is middernacht
És mitjanit
Es medianoche

1.15 **Hoe laat?** A quina hora? *¿A qué hora?*

Om een uur
A la una
A la una

Om twee uur
A les dues
A las dos

Om tien uur 's ochtends
A les deu del matí
A las diez de la mañana

Om drie / acht / elf uur precies
A les tres / vuit / onze -en punt
A las tres / ocho / once -en punto

Om half vier in de middag
A dos quarts de quatre de la tarda
A las tres y media de la tarde

Om kwart over tien 's avonds
A un quart d'onze del vespre
A las diez y cuarto de la noche

Om half drie 's nachts
A (dos) quarts de tres de la matinada
A las dos y media de la madrugada

Om tien over half zes
A tres quarts menys cinc de sis
A las seis menos veinte

Tussen de middag
Al migdia
A mediodía

Om middernacht
A mitjanit
A medianoche

Even na achten
Després de les vuit, A les vuit tocades
Después de las ocho, A las ocho pasadas

Tegen elf uur
Cap a les onze
A eso de las once

Voor zeven uur
Abans de les set
Antes de las siete

Over vijf minuten
D'aquí a cinc minuts
Dentro de cinco minutos

1.16 **De datum.** La data. *La fecha*

Het olympisch stadion van Barcelona werd op 8 september 1989 geopend
L'Estadi Olímpic de Barcelona va ser inaugurat el 8 (vuit) de setembre de 1989 (mil nou-cents vuitanta-nou)
El Estadio Olímpico de Barcelona fue inaugurado el 8 (ocho) de septiembre de 1989 (mil novecientos ochenta y nueve)

Welke dag is het vandaag?
Quin dia som avui?
¿A cuántos estamos?

Vandaag is het 19 januari
És el 19 (dinou) de gener
Estamos a 19 (diecinueve) de enero

Wanneer bent u aangekomen?
Quan ha arribat vostè?
¿Cuándo ha llegado usted?

Een december
El primer de desembre, L'u de desembre
El primero de diciembre

Twee november
El dos de novembre
El dos de noviembre

Afgelopen maand was ik tussen de zevende en de tiende in Madrid
Entre el set i el deu del mes passat vaig ser a Madrid
Entre el siete y el diez del mes pasado estuve en Madrid

Vanaf de vijfentwintigste volgende maand
A partir del vint-i-cinc del mes que ve
A partir del veinticinco del mes que viene

Begin van de maand
Al començament del mes
A comienzos de mes

Half augustus
A mitjan agost
A mediados de agosto

Eind juli
A finals de juliol
A fines / finales de julio

In negentienhonderdtweeënnegentig
El mil nou-cents noranta-dos
En mil novecientos noventa y dos

1.17 De dagen van de week
Els dies de la setmana.
Los días de la semana

Maandag
Dilluns
Lunes

Dinsdag
Dimarts
Martes

Woensdag
Dimecres
Miércoles

Donderdag
Dijous
Jueves

Vrijdag
Divendres
Viernes

Zaterdag
Dissabte
Sábado

Zondag
Diumenge
Domingo

1.18 **De seizoenen. De maanden van het jaar**
Les estacions. Els mesos de l'any
Las estaciones. Los meses del año

Lente
Primavera
Primavera

Zomer
Estiu
Verano

Herfst
Tardor
Otoño

Winter
Hivern
Invierno

Januari
Gener
Enero

Februari
Febrer
Febrero

Maart
Març
Marzo

April
Abril
Abril

Mei
Maig
Mayo

Juni
Juny
Junio

Juli
Juliol
Julio

Augustus
Agost
Agosto

September
Setembre
Septiembre

Oktober
Octubre
Octubre

November
Novembre
Noviembre

December
Desembre
Diciembre

1.19 **Feestdagen**. Festes. *Fiestas.*

1 januari, nieuwjaar
1 de gener, Cap d'Any
1 de enero, Año Nuevo

6 januari, Driekoningen
6 de gener, Reis
6 de Enero, Epifanía

19 maart, Heilige Jozef
19 de març, Sant Josep
19 de marzo, San José

Goede vrijdag
Divendres Sant
Viernes Santo

Paasmaandag
Dilluns de Pasqua
LunesdePascua

23 april, Sint Joris
23 d'abril, Sant Jordi
23 de abril, San Jorge

1 mei, dag van de arbeid
1 de maig, la Festa del Treball
1 de mayo, la Fiesta del Trabajo

Pinksterzondag
Dilluns de Pentecosta
Lunes de Pentecostés

24 juni, Sint Jan
24 de juny, Sant Joan
24 de junio, San Juan

25 juli, Heilige Jacob
25 de juliol, Sant Jaume
25 de julio, Santiago Apóstol

15 augustus, Maria Hemelvaart
15 d'agost, Assumpció de la Verge Maria
15 de agosto, Asunción de la Virgen María

11 september, Natonale feestdag van Catalonië
11 de setembre, Diada de Catalunya
11 de septiembre, Fiesta Nacional de Catalunya

12 oktober, Natonale feestdag van Spanje
12 d'octubre, Dia de la Hispanitat, el Pilar
12 de octubre, Día de la Hispanidad

1 november, Allerheiligen
1 de novembre, Tots Sants
1 de noviembre, Todos los Santos

6 december, dag van de Constitutie
6 de desembre, Dia de la Constitució
6 de diciembre, Día de la Constitución

8 december, Maria Ontvangenis
8 de desembre, Immaculada Concepció
8 de diciembre, Inmaculada Concepción

25 december, eerste kerstdag
25 de desembre, Nadal
25 de diciembre, Navidad

26 december, tweede kerstdag
26 de desembre, Sant Esteve
26 de diciembre, San Esteban

2. VAAK GEBRUIKTE WOORDEN EN ZINNEN
PARAULES I FRASES FREQUENTS
PALABRAS Y FRASES FRECUENTES

2.1 **Opschriften.** Avisos. *Avisos*

Ascensor; *ascensor*	**Lift**
Atenció!; *¡atención!*	**Pas op!**
Avisos; *avisos*	**Waarschuwing**
Caixa; *caja*	**Spaarbank, kassa**
Compte! *ciudado*	**Voorzichtig!**
Consigna; *consigna*	**Bagagedepot**
Dones; *mujeres; damas*	**Vrouwen, dames**
Empenyeu; *empujar*	**Duwen**
Entrada; *entrada*	**Toegang, entree**
Entrada lliure; *entrada lliure*	**Vrije toegang**
Entri per l'altra porta; *entre por la otra puerta*	**Ingang via de andere deur**
Escales mecàniques; *escaleras mecánicas*	**Roltrap**
Es lloga; *se alquila*	**Te huur**
Estireu; *tirar*	**Trekken**
Fora de servei; *fuera de servicio*	**Buiten werking**
Fumadors; *fumadores*	**Rokers**
Gratis; gratis	**Gratis**
Homes; *hombres*	**Heren, mannen**
Horari; *horario*	**Dienstregeling**
Informació; *información*	**Informatie**
Lavabo; *lavabo*	**Toilet**
Lliure; *libre*	**Vrij**
Lloguer; *alquiler*	**Huur**
No fumadors; *no fumadores*	**Niet roken**
No fumeu; *no fumar*	**Niet roken**
No funciona; *no funciona*	**Buiten werking**
No s'admeten gossos; *No se admiten perros*	**Verboden voor honden**
Ocupat; *ocupado*	**Bezet**
Pàrking; *aparcamiento*	**Parkeergarage**
Prohibit; *prohibido*	**Verboden**
Prohibit el pas; *prohibido el paso*	**Verboden toegang**

Reservat; *reservado* — **Gereserveerd**
Senyores; *señoras* — **Dames**
Silenci; *silencio* — **Stilte**
Sortida d'emergencia; *salida de emergència* — **Nooduitgang**
Tancat, *cerrado* — **Gesloten**
Taquilla; *taquilla* — **Loket**
Ull viu!; *¡Ojo!* — **Pas op, kijk uit!**

2.2 Begroetingsformules
Fórmules de salutació
Fórmulas de saludo

Ter begroeting. En trobar-se. *Al encontrarse*

Hallo!
Hola!
¡Hola!

Goedendag! (tot 14h)
Bon dia!
¡Buenos días!

Goedendag! (vanaf 14h)
Bona tarda!
¡Buenas tardes!

Goedenacht!
Bona nit!
¡Buenas noches!

Welkom! (enk)
Benvingut! (m), benvinguda! (f)
¡Bienvenido! (m), ¡bienvenida! (f)

Welkom! (mv)
Benvinguts! (m), benvingudes! (f pl), Déu vos guard!
¡Bienvenidos! (m), ¡bienvenidas! (f pl)

Ter afscheid
En separar-se
Al separarse

Tot ziens!
A reveure! Adéu!
¡Hasta la vista! ¡Adiós!

Tot ziens!
Fins aviat!
¡Hasta luego!

Tot morgen!
Fins demà!
¡Hasta mañana!

Goedenacht!
Bona nit!
¡Buenas noches!

Tot vrijdag!
Fins divendres!
¡Hasta el viernes!

Dag!
Adéu!
¡Adiós!

Adieu!
Adéu-siau!
¡Adiós!

Een prettige dag nog! (enk)
Passi-ho bé!
¡Que lo pase bien!

Een prettige dag nog! (mv)
Passin-ho bé!
¡Que lo pasen bien!

Groeten aan uw man
Records al seu marit
Recuerdos a su marido

2.3 **Aanspreekwijzen**. Tractaments. *Tratamientos*

Meneer!
Senyor!
¡Señor!

Mevrouw!
Senyora!
¡Senyora!

Jongeman!
Jove!
¡Joven!

Juffrouw!
Senyoreta!
¡Señorita!

Heren!
Senyors!
¡Señores!

Dames!
Senyores!
¡Señoras!

Dames en heren!
Senyores i senyors!
¡Señoras y señores!

Vriend!
Amic!
¡Amigo!

Meneer Sala!
Senyor Sala!
¡Señor Sala!

Mevrouw Sala!
Senyora Sala!
¡Señora Sala!

2.4 **Een gesprek aanknopen**
Entaulant una conversa
Entablando conversación

Wij kennen elkaar, nietwaar?
Oi que ja ens coneixem?
Nosotros ya nos conocemos, ¿verdad?

Mag ik u iets zeggen?
Puc dir-li una cosa?
¿Puedo decirle algo?

Bevalt het programma u?
Li agrada el programa?
¿Le gusta el programa?

Weet u dat...
Sap vostè que...
¿Sabe usted que...

Staat u me toe?
Em permet?
¿Me permite?

Alstublieft!
Sisplau! Si us plau!
¡Por favor!

Hoe gaat het ermee?
Com va això?
¿Qué tal?

Pardon, bent u van hier?
Perdoni, vostè és d'aquí?
Perdone, ¿usted es de aquí?

Sorry dat ik u lastig val
Perdoni la molèstia
Perdone usted la molestia

Wat is er gebeurd?
Què ha passat?
¿Qué ha pasado?

Is er nog iets nieuws?
Què hi ha de nou?
¿Qué hay de nuevo?

Mag ik u vergezellen?
Puc acompanyar-lo / acompanyar-la?
¿Puedo acompañarle / acompañarla?

2.5 **Voorstellen**. Presentació. *Presentación*

Hoe heet u?
Com es diu vostè?
¿Cómo se llama usted?

Ik heet Hans
Em dic Joan
Me llamo Juan

Mijn vrouw heet Anna
La meva dona es diu Anna
Mi mujer se llama Ana

Die jongen hier is onze zoon
Aquest noi és el nostre fill
Este mucacho es nuestro hijo

Kent u elkaar?
Vostès es coneixen?
¿Se conocen ustedes?

Zijn naam is Peter
El seu nom és Pere
Su nombre es Pedro

Ik ben Hollander
Sóc holandès
Soy holandés

Wij zijn Hollanders
Som holandesos
Somos holandeses

Ik spreek niet goed Catalaans / Spaans, maar ik spreek Nederlands
No parlo bé el català / l'espanyol, però conec neerlandès
No hablo bien el catalán / español, pero hablo neerlandés

Kent u mijn vriendin?
Coneix la meva amiga?
¿Conoce usted a mi amiga?

We kennen elkaar
Ens coneixem
Nos conocemos

We kennen elkaar niet
No ens coneixem
No nos conocemos

We kennen elkaar slechts van gezicht
Només ens coneixem de vista
Sólo nos conocemos de vista

Mag ik u mijn vriend voorstellen
Permeti'm que li presenti el meu amic
Permítanme que le presente a mi amigo

Mag ik u mijn verloofde voorstellen
Permetin-me que els presenti la meva promesa
Permítanme que les presente a mi novia

Aangenaam
Encantat -ada
Encantado -a

Zeer aangenaam
Molt de gust
Mucho gusto

Het genoegen is aan mijn kant
El gust és meu
El gusto es mío

Hier heeft u mijn visitekaartje
Tingui, la meva targeta (de visita)
Tenga, mi tarjeta (de visita)

2.6 Hoe vraagt men om iets of biedt men iets aan? Beleefdheidsformules

Com demanar, oferir alguna cosa? Fórmules de cortesia

¿Cómo pedir, ofrecer algo? Fórmulas de cortesía

Alstublieft!
Sisplau! Si us plau! Per favor!
¡Por favor!

Ik zou u iets willen vragen
Voldria demanar-li una cosa
Quisiera pedirle algo

Helpt u mij alstublieft
Ajudi'm, faci el favor
Ayúdeme, por favor

Kunt u mij helpen?
Vol ajudar-me
¿Quiere ayudarme?

Ik heb wat informatie nodig
Em cal una informació
Necesito una información

Kunt u mij een balpen lenen?
Pot prestar-me un bolígraf?
¿Puede prestarme un bolígrafo?

Kunt u mij zeggen hoe die straat heet?
Pot dir-me el nom d'aquest carrer?
¿Puede decirme el nombre de esta calle?

Waarmee kan ik u van dienst zijn?
En què puc ajudar-lo?
¿En qué puedo ayudarle?

Ik zal met u meegaan
Puc acompanyar-lo / acompanyar-la
Puedo acompañarle / acompañarla

Als u iets nodig heeft, kunt u me gerust roepen
Si li cal res, no deixi d'avisar-me
Si necesita algo, no deje de avisarme

U bent erg vriendelijk
Vostè és molt amable
Es usted muy amable

Mag ik roken?
Puc fumar?
¿Puedo fumar?

Kan ik gaan zitten?
Em permet que segui?
¿Me permite que me siente?

Heel graag
Amb molt de gust
¡Con mucho gusto!

Maakt u zich geen zorgen!
No pateixi!
¡Pierda usted cuidado!

Ga gerust uw gang
És ben lliure de fer-ho
Es usted muy dueño -a de hacerlo

Ik sta tot uw beschikking
Estic a la seva disposició
Estoy a su disposición

U kunt op mij rekenen
Pot comptar amb mi
Puede contar conmigo

2.7 Instemming, weigering
Acceptació, rebuig
Aceptación, rechazo

Vanzelfsprekend!
No cal dir!
¡Por supuesto!

Dat is een goed idee!
És una bona idea!
¡Es una buena idea!

Dank u
Gràcies
Gracias

Nee, dank u
Gràcies, no
No, gracias

Ik ben zeer vereerd
Em sento honrat -ada
Me siento honrado -a

Doet u geen moeite
No es molesti
No se moleste

Nee
No
No

Ik wil niet
No en vull
No quiero

Ik kan niet
No puc
No puedo

Ik heb (daar) geen zin (in)
No en tinc ganes
No tengo ganas

Ik heb geen tijd
No tinc temps
No tengo tiempo

Heel graag
Amb molt de gust
Con mucho gusto

Natuurlijk!
Naturalment!
¡Naturalmente!

Akkoord!
D'acord!
¡De acuerdo! ¡Vale!

In geen geval!
De cap manera!
¡De ninguna manera!

Geen sprake van!
Ni pensar-hi!
¡Ni hablar!

2.8 **Bedanken**. Agraïment. *Agradecimiento*

Bedankt
Gràcies, Mercès
Gracias

Bedankt voor uw hulp
Gràcies per la seva ajuda / pel seu ajut
Gracias por su ayuda

Heel erg bedankt. Zeer veel dank
Moltes gràcies. Moltíssimes gràcies
Muchas gracias. Muchísimas gracias

Niets te danken
De res. No s'ho val
No hay de qué

Ik dank u voor uw advies
Li agraeixo el seu consell
Le agradezco su consejo

Ik ben u zeer dankbaar
Li estic molt agraït -ïda
Le estoy muy agradecido -a

Ik ben u veel dank verschuldigd
Li estic obligat -ada
Le estoy obligado -a

2.9 **Smaak, voorkeur**. Grat, preferència. *Agrado, preferencia*

Wat denkt u ervan?
Què li'n sembla?
¿Qué le parece?

Smaakt / bevalt het u?
Li agrada?
¿Le gusta?

Smaken / bevallen ze u?
Li agraden?
¿Le gustan?

Ik hou van bier
M'agrada la cervesa
Me gusta la cerveza

Ik heb liever bier dan wijn
Prefereixo la cervesa al vi
Prefiero la cerveza al vino

Ik heb liever vlees
Prefereixo la carn, m'estimo més la carn
Prefiero la carne

Welke wilt u?
Quin tria?
Cuál escoge?

Ik ben erg tevreden
Estic molt content -a
Estoy muy contento -a

Ik vind ze allebei lekker / mooi
M'agraden tots dos
Me gustan los dos

Het bevalt me
M'agrada
Me gusta

Het bevalt je
T'agrada
Te gusta

Het bevalt hem/haar
Li agrada
Le gusta

Het bevalt ons
Ens agrada
Nos gusta

Het bevalt jullie
Us agrada
Os gusta

Het bevalt ze
Els agrada
Les gusta

2.10 **Verontschuldiging / spijt.** Excusa, llàstima. *Excusa, lástima*

Pardon
Perdó
Perdón

Wat jammer!
Quina llàstima!
¡Qué lástima!

Sorry, verontschuldigt u me
Perdoni'm, Disculpi'm
Perdóneme, Discúlpeme

Het is niet mijn schuld
No és culpa meva
No es mi culpa

Het geeft niets
No hi fa res
No importa

Vat het niet als een belediging op
No s'ho prengui malament
No lo tome a mal

Het spijt me erg
Ho sento molt. Em sap molt de greu
Lo siento mucho

Het spijt me, maar ik kan het niet doen
Ho sento, però no puc fer-ho
Lo siento, pero no puedo hacerlo

Jammer genoeg / spijtig genoeg
Desgraciadament, dissortadament
Desgraciadamente

2.11 Bevestiging, goedkeuring
Afirmació, acord
Afirmación, acuerdo

Ja
Sí
Sí

Zo is het
És així
Es así

Natuurlijk! Uiteraard!
I tant! Ja ho crec que sí!
¡Desde luego! ¡Ya lo creo!

Zonder twijfel
Indubtablement
Indudablemente

Het is waar
És veritat
Es verdad

Zeer goed
Molt bé
Está bien

Het zal gebeuren zoals u wilt
Sigui com vostè vulgui
Sea como usted quiera

Ik ben het met u eens
Estic d'acord amb vostè
Estoy de acuerdo con usted

Begrepen! Het is duidelijk
Entesos! És clar
¡Entendido! Está claro

Natuurlijk!
No cal dir!
¡Por supuesto!

Precies
Exactament
Exacto

Inderdaad
Efectivament
Efectivamente

Natuurlijk
Naturalment
Naturalmente

U heeft gelijk
Té raó
Tiene usted razón

Dat is een goed idee
És una bona idea
Es una buena idea

Akkoord
D'acord
De acuerdo, Vale

Daar is niets op tegen
No hi ha cap inconvenient
No hay ningún inconveniente

2.12 **Ontkenning, meningsverschil**
Negació, desacord
Negación, desacuerdo

Nee
No
No

In geen geval
De cap de les maneres
De ninguna manera

Ik peins er niet over!
Ni pensar-hi!
¡Ni hablar! ¡Ni pensarlo!

Ach wat!
Fugi!
¡Que va!

U heeft ongelijk
Vostè no té raó
Usted no tiene razón

Daar ben ik het niet mee eens
No hi estic d'acord
No estoy de acuerdo

Ik heb geen idee
No en tinc ni idea
No en tinc ni idea

Ik ben er tegen
Estic en contra
Estoy en contra

Helemaal niet
Ni de bon tros
Ni mucho menos

Niets
Res
Nada

U vergist zich
Vostè s'equivoca
Usted se equivoca

Dat is een leugen!
És una mentida!
¡Es una mentira!

Ik weet het niet
No ho sé
No lo sé

Niemand
Ningú
Nadie

2.13 **Twijfel, veronderstelling, mogelijkheid**
Dubte, hipòtesi, probabilitat
Duda, hipótesis, probabilidad

Dat hangt ervan af
Això depèn
Depende

Ik vermoed
Suposo
Supongo

Zeker
Segurament
Seguramente

Het zijn vast buitenlanders
Deuen ser estrangers
Serán extranjeros

Ik betwijfel het
Ho dubto
Lo dudo

Het is niet erg waarschijnlijk
Es poc probable
Es poco probable

Wie weet!
Qui ho sap!
¡Quién sabe!

Wat zegt u nu!
No m'ho digui!
¡No me lo diga usted!

Misschien
Potser
Quizás, Tal vez

Waarschijnlijk
Probablement
Probablemente, a lo mejor

Het is onwaarschijnlijk
És improbable
Es improbable

Het is onmogelijk, dat kan niet
És impossible, no pot ser
Es imposible, no puede ser

Het is ongelooflijk
És increïble
Es increible

Het is mogelijk, het kan zijn
És possible, pot ser
Es posible, puede ser

We zullen zien
Ja ho veurem
Ya veremos

Ik geloof het niet
No ho crec
No lo creo

Het is waarschijnlijk
És probable
Es probable

2.14 **Voornemen, plannen**. Intenció, plans. *Intención, planes*

Ik wil in Figueres overnachten
Vull allotjar-me a Figueres
Quiero alojarme en Figueres (Figueras)

Ik ben van plan Girona te bezoeken
Tinc la intenció de visitar Girona
Tengo la intención de visitar Girona (Gerona)

Ik denk dinsdag te vertrekken
Penso sortir dimarts
Pienso salir el martes

Wat wilt u doen?
Què vol fer?
¿Qué quiere hacer?

Wat bent u van plan morgen te gaan doen?
Quin pla té per demà?
¿Qué plan tiene para mañana?

Ik wil inkopen doen
Voldria sortir a comprar
Quisiera hacer unas compras

Als het u iets lijkt, kunnen we samen eten
Si li sembla, podríem sopar plegats
Si le parece, podríamos cenar juntos

Willen
Voler
Querer

Ik wil
Vull
Quiero

Jij wilt
Vols
Quieres

Hij / zij wil
Vol
Quiere

Wij willen
Volem
Queremos

Jullie willen
Voleu
Queréis

Zij willen
Volen
Quieren

2.15 Plicht, behoefte
Obligació, necessitat
Obligación, necesidad

Ik moet geld wisselen
He de canviar diners
Tengo que cambiar dinero

U moet even wachten
Ha d'esperar una mica
Tiene que esperar un poco

U moet dit formulier invullen
Han d'omplir aquesta fitxa
Tienen que rellenar esta ficha

We moeten praten
Hem de parlar
Tenemos que hablar

Ik moet eigenlijk gaan
Hauria d'anar-me'n
Tendría que irme

U moet niet zoveel roken
No hauria de fumar tant
No debería fumar tanto

Men moet voorzichtig zijn
Cal anar amb compte
Hay que ir con cuidado

U hoeft niet bang te zijn
No cal tenir por
No hay que tener miedo

Het is niet nodig
No cal
No es necesario

Het is nodig
Cal
Es necesario

Ik heb twee postzegels van vijftig pesetas nodig
Em calen dos segells de cinquanta pessetes
Me hacen falta dos sellos de cincuenta pesetas

We hebben benzine nodig
Ens cal gasolina
Nos hace falta gasolina

We hebben niets nodig
No ens falta res
No nos falta nada

Moeten	**Ik moet**	**Jij moet**
Haver de	He / haig de	Has de
Tener que	*Tengo que*	*Tienes que*
	Hij / zij u moet	**Wij moeten**
	Ha de	Hem de
	Tiene que	*Tenemos que*
	Jullie moeten	**Zij moeten**
	Heu de	Han de
	Tenéis que	*Tienen que*

2.16 Verrassing, uitroep
Sorpresa, exclama
Sorpresa, exclamación

Nee toch!
Què diu, ara?
¡No me diga!

Het is ongelooflijk!
És increïble!
¡Es increible!

Ach!
Ai!
¡Ay!

Dat is onmogelijk!
És impossible!
¡Es imposible!

Wat een verrassing!
Quina sorpresa!
¡Qué sorpresa!

Wat mooi!
Que bonic!
¡Qué bonito!

Dat moet u niet zeggen!
No m'ho digui!
¡No me lo diga!

Dat kan toch niet waar zijn!
Sembla mentida!
¡Parece mentira!

Verdorie!
Caram! Carai!
¡Caramba!

Ik kan het niet geloven!
No m'ho puc creure!
¡No me lo puedo creer!

Help!
Socors! Auxili!
¡Socorro!

Echt?
Vol dir?
¿Está usted seguro -a?

Verdorie!
Ostres!
¡Ostras!

2.17 Gelukwens, wens, medeleven
Felicitacions, vots, compassió
Felicitaciones, votos, compasión

Gefeliciteerd!
Per molts anys!
¡Felicidades!

Gelukkig nieuwjaar!
Bon any! Feliç any nou! Feliç cap d'any!
¡Feliz año nuevo!

Proost!
Salut!
¡Salud¡

Op je / uw gezondheid
A la teva / seva salut!
A tu / su salud!

Gefeliciteerd!
Enhorabona!
¡Enhorabuena!

Smakelijk eten!
Bon profit! Que aprofiti!
¡Que aproveche!

Veel plezier! (enk.)
Que es diverteixi!
¡Que se divierta!

Veel plezier! (mv.)
Que es diverteixin!
¡Que se diviertan!

Goede reis!
Bon viatge!
¡Buen viaje!

Prettige feestdagen!
Bones festes!
¡Felices fiestas!

Prettige kerstdagen!
Bon Nadal! Bones festes de Nadal!
¡Felices Navidades! ¡Felices Pascuas!

Beterschap
Que es posi bo aviat
Que usted mejore pronto

Mijn oprechte deelneming
El meu condol més sincer
Mi más sentido pésame

Wanneer zal de begrafenis plaatsvinden?
Quan serà l'enterrament?
¿Cuándo será el entierro?

Ik wens u veel geluk
Li / els desitjo molta sort
Le / les deseo mucha suerte

Hartelijk gefeliciteerd!
Moltes felicitats!
¡Muchas felicidades!

Jij / u ook!
Igualment!
¡Igualmente!

3. PERSOONSGEGEVENS
DADES PERSONALS
DATOS PERSONALES

Achternaam, -namen
Cognom-s
Apellido-s

Voornaam
Nom
Nombre

Nationaliteit
Nacionalitat
Nacionalidad

Land, geboorteplaats en geboortedatum
País, lloc i data de naixement
Pais, lugar y fecha de nacimiento

Beroep
Professió
Profesión

Woonplaats
Domicili
Domicilio

Paspoortnummer
Número de passaport
Número de pasaporte

3.1 Voor- en achternamen

Nom i cognom-s

Nombre y apellido-s

Hoe heet u?
Com es / se diu?
¿Cómo se llama?

Hoe heet deze meneer?
Com es diu aquest senyor?
¿Cómo se llama este señor?

Uw achternaam, alstublieft
El seu cognom, sisplau
Su apellido, por favor

Hoe heet je?
Com et dius?
¿Cómo te llamas?

Wat is je naam?
Quin és el teu nom?
¿Cuál es tu nombre?

Ik heet Michel
Em dic Miquel
Me llamo Miguel

Is dat uw / je achternaam of uw / je voornaam?
Aquest és el seu / teu nom o el seu / teu cognom?
¿Este es su / tu nombre o su / tu apellido?

Dat is mijn doopnaam
Aquest és el meu nom de pila
Este es mi nombre de pila

Hoe schrijf je je naam/ hoe wordt hij uitgesproken?
Com s'escriu / es pronuncia el teu nom?
¿Cómo se escribe / se pronuncia tu nombre?

Hoe heette je moeder?
Com es deia la teva mare?
¿Cómo se llamaba tu madre?

Is dat een typisch Catalaanse / Spaanse naam?
És un nom típicament català / castellà?
¿Es un nombre típicamente catalán / español?

3.2 **Familie**. Família. *Familia*

Uw burgerlijke staat?
El seu estat civil?
¿Su estado civil?

Ik ben getrouwd
Sóc casat -ada
Soy casado -a

Als ik zo onbescheiden mag zijn, bent u getrouwd?
Si no és una indiscreció, vostè és casat -ada?
Si no es una indiscreción, ¿está usted casado -a?

Nee, ik ben nog ongetrouwd
No, sóc solter -a encara
No, soy soltero -a todavía

Ik ben al verloofd
Ja tinc promès -esa
Ya tengo novio -a

Ik ben sinds een jaar getrouwd
Sóc casat -ada des de fa un any
Estoy casado -a desde hace un año

Ik ga volgend jaar trouwen
Em casaré l'any vinent
Me casaré el año que viene

Ik ben afgelopen jaar getrouwd
Em vaig casar l'any passat
Me casé el año pasado

Ik ben gescheiden
Sóc divorciat -ada
Soy divorciado -a

Ik ben weduwnaar, weduwe
Sóc vidu (viudo) / vídua (viuda)
Soy viudo -a

Mijn man / vrouw leeft niet meer (Hij / zij is overleden)
El meu marit / La meva dona ja no viu (Ha mort)
Mi marido / mujer ya no vive (Ha muerto)

Hij / zij is drie jaar geleden gestorven
Va morir fa tres anys
Murió hace tres años

Heeft u (enk.) kinderen?
Té fills?
¿Tiene hijos?

Heeft u (mv) kinderen?
Teniu fills?
¿Tienen hijos?

Nee, ik / we hebben geen kinderen
No, no en tinc / tenim
No tengo / No tenemos

Ja die hebben we
Sí, que en tenim
Sí que tenemos

Is het een jongen of een meisje?
És un nen o una nena?
¿Es un niño o una niña?

Hoeveel kinderen heeft u?
Quants fills teniu?
¿Cuántos hijos tienen?

Ons eerste kind is dit jaar geboren
El nostre primer fill ha nascut aquest any (enguany)
Nuestro primer hijo nació este año

Het is een meisje
És una nena
Es una niña

We hebben twee kinderen
Nosaltres tenim dos fills
Nosotros tenemos dos hijos

Ik heb twee dochters
Tinc dues filles
Tengo dos hijas

Ik heb ook kleinkinderen
També tinc néts
Tengo también nietos

Leven uw ouders / grootouders nog?
Els seus pares / avis viuen encara?
¿Sus padres / abuelos viven todavía?

Ja, gelukkig wel
Sí, gràcies a Déu
Sí, gracias a Dios

Mijn vader leeft niet meer, maar mijn moeder wel
El meu pare ja no és viu, però la meva mare, sí
Mi padre ya no vive, pero mi madre, sí

Heeft u broers of zusters?
Té germans?
¿Tiene hermanos?

Nee, niet een
No en tinc
No tengo

Ik heb veel familie
Tinc molts parents
Tengo muchos parientes

We zijn een grote familie
Sóm una família nombrosa
Somos una familia numerosa

Ik heb twee broers / zusters
Tinc dos germans / dues germanes
Tengo dos hermanos / hermanas

3.3 **De leeftijd**. L'edat. *La edad*

Hoe oud ben jij / bent u?
Quants anys tens / té?
¿Cuántos años tienes / tiene?

Ik ben dertig jaar
Tinc trenta anys
Tengo trenta años

Hij / zij is veertig jaar
Té 40 anys d'edat
Tiene 40 años de edad

En hoe oud is je broer?
I quants anys té el teu germà?
¿Y cuántos años tiene tu hermano?

Hij is nog geen 20
Encara no ha fet els 20 anys
Todavía no ha cumplido 20 años

Hoe oud bent u?
Quina edat té?
¿Qué edad tiene?

Ik ben net zeventig geworden
Acabo de complir els setanta
Acabo de cumplir los setenta

Dat meent u niet! U ziet er veel jonger uit
No pot ser! Sembla molt més jove
¡No puede ser! Parece mucho más joven

Hoe oud is uw kleinkind ?
Quina edat té el seu nét / la seva néta?
¿Qué edad tiene su nieto / nieta?

Hij / zij is vandaag acht geworden
Avui ha complert vuit anys
Hoy ha cumplido ocho años

Hij / zij is nog een kind
És un nen / una nena encara
Es un niño / una niña todavía

Mijn vriend is vandaag ook jarig. (Vandaag viert hij zijn verjaardag)
El meu amic també fa avui anys. (Avui celebra el seu aniversari del naixement)
Mi amigo también cumple hoy años. (Hoy celebra su cumpleaños)

Mijn ouders zijn al oud
Els meus pares ja són grans
Mis padres tienen ya una cierta edad

Ze zijn oud
Són vells
Son viejos

3.4 Opleidingsniveau Studie
Nivell d'instrucció. Estudis
Nivel de instrucción. Estudios

Basisonderwijs
Estudis -elementals
Estudios -elementales

Middelbaar onderwijs
mitjans
medios

Hoger onderwijs
superiors
superiores

Universiteitsstudie
universitaris
universitarios

Mijn kleinkind gaat naar de kleuterschool
El meu nét va al parvulari
Mi nieto va al parvulario

Mijn dochter werkt al
La meva filla ja treballa
Mi hija ya trabaja

Mijn zoon studeert nog
El meu fill encara estudia
Mi hijo todavía está estudiando

Hij gaat naar de universiteit
Va a la universitat
Va a la universidad

In welk jaar zit hij?
En quin any / curs està?
¿En qué año / curso está?

Hij zit in het eerste / tweede / derde jaar
Està en el primer / segon / tercer any / curs
Está en el primer / segundo / tercer año / curso

Mijn zoon is jonger
El meu fill és més jove
Mi hijo es más joven

Hij gaat naar de basisschool
Va a l'escola primària
Va a la escuela primaria

Hij gaat naar de middelbare school
Va a l'institut
Va al instituto

In welke klas zit hij?
A quina classe va?
¿A qué clase va?

Hij zit in de eerste / tweede klas
Està en la primera / segona classe
Está en la primera / segunda clase

Hij volgt een beroepsopleiding
Va a una escola professional
Va a una escuela profesional

Mijn dochter doet dit jaar examen (voor de middelbare school)
La meva filla aquest any fa el batxillerat
Mi hija este año hace el bachillerato

Ze leert veel / goed
Estudia molt / bé
Estudia mucho / bien

Mijn zoon wil graag arts worden
El meu fill voldria ser metge
Mi hijo quisiera ser médico

Hij wil graag naar de universiteit
Voldria anar a la universitat
Quisiera ir a la universidad

Zijn vriendin heeft zich bij rechten ingeschreven
La seva amiga es va matricular a la Facultat de Dret
Su amiga se matriculó en la Facultad de Derecho

Mijn vriend studeert Spaanse taal- en letterkunde
El meu amic estudia filologia / llicenciatura espanyola
Mi amigo estudia filología / licenciatura española

Hij heeft nu tentamens
Ara té exàmens
Ahora tiene exámenes

Hij is voor alle tentamens geslaagd
Va fer tots els exàmens amb èxit
Hizo / Pasó todos los exámenes con éxito

Hij moet nog enkele tentamens overdoen
Li manquen encara uns exàmens
Le faltan todavía unos exámenes

Hij moet een van de tentamens overdoen
Ha de repetir un dels exàmens
Tiene que repetir uno de los exámenes

Hij studeert dit jaar af
Acaba / Es gradua aquest any
Acaba / Se gradua este año

Hij is bezig zijn scriptie te schrijven
Està escrivint la tesina
Está escribiendo la tesina

Hij schrijft zijn proefschrift
Escriu una tesi doctoral
Escribe una tesis doctoral

Hij heeft nog geen werk
Encara no té feina
Todavía no tiene trabajo

Hij is gediplomeerd ingenieur
És enginyer diplomat
Es ingeniero diplomat

3.5 Beroep, werk
Professió. Treball
Profesión. Trabajo

Waar werkt u?
On treballa vostè?
¿Dónde trabaja usted?

Hij werkt in een fabriek / winkel / op een school
Treballo en una fàbrica / botiga / escola
Trabajo en una fábrica / tienda / escuela

Ik werk thuis
Treballo a casa
Trabajo en casa

Ik ben huisvrouw
Sóc mestressa de casa
Soy ama de casa

Ik werk niet meer, ik ben gepensioneerd
Ja no treballo, sóc jubilat -ada / pensionat -ada
Ya no trabajo, soy jubilado -a / pensionado -a

Ik studeer nog
Encara estudio
Estoy estudiando todavía

Ik heb geen werk
No tinc feina
No tengo trabajo

Ik ben werkeloos
Sóc parat -ada. Estic en atur
Soy parado -a

Wat is uw beroep?
Quina és la seva professió?
¿Cuál es su profesión?

Wat doet u voor werk?
A què es dedica?
¿A qué se dedica?

Ik ben eigenlijk leraar maar ik werk als journalist
Sóc professor, però em dedico al periodisme
Soy profesor, pero me dedico al periodismo

We zijn collega's
Som col·legues
Somos colegas

Mijn man werkt te hard
El meu marit treballa massa
Mi marido trabaja demasiado

Hij werkt vanaf zijn achttiende
Treballa des de l'edat de divuit anys
Trabaja desde la edad de dieciocho años

Bent u tevreden met uw werk?
Està content del seu treball?
¿Está contento de su trabajo?

Verdient u goed?
Guanya molt?
¿Gana mucho?

Wordt u goed betaald?
Li paguen bé?
¿Le pagan bien?

Wat is hier het gemiddelde salaris?
Quin és el seu salari mitjà aquí?
¿Cuál es el salario medio aquí?

Hoeveel verdient een leraar aan de middelbare school?
Quant guanya / cobra un professor d'institut?
¿Cuánto gana / cobra un profesor de instituto?

Hoeveel dagen vakantie heeft u?
Quants dies de vacances té?
¿Cuántos días de vacaciones tiene?

Een maand
Un mes
Un mes

Zaterdag's hebben we vrij
Els dissabtes fem festa
Los sábados hacemos fiesta

3.6 **Plaatsnamen.** Noms geogràfics. *Nombres geográficos*

Ik ben buitenlander, - se
Sóc estranger -a
Soy extranjero -a

Pardon, bent u van hier?
Perdoni, vostè és d'aquí?
Perdone, ¿usted es de aquí?

Waar komt u vandaan?
D'on és / són?
¿De dónde es / son?

We komen uit Rotterdam
Som de Rotterdam
Somos de Rotterdam

Uit welk land / welke stad komt u?
Vostè, de quin país / quina ciutat és?
¿Usted de qué país / ciudad es?

Deze jongelui zijn geen Europeanen
Aquests joves no són europeus
Estos jóvenes no son europeos

Ik ben Catalaan, -se
Sóc català -ana
Soy catalán -ana

Wat is de hoofdstad van Nederland?
Quina és la capital d'Holanda?
¿Cuál es la capital de Holanda?

De hoofdstad van Nederland is Amsterdam
La capital d'Holanda és Amsterdam
La capital d'Holanda es Amsterdam

In welke stad bent u geboren?
Com es diu la seva ciutat natal?
¿Cómo se llama su ciudad natal?

Welke nationaliteit heeft u?
Quina és la teva nacionalitat?
¿Cuál es tu nacionalidad?

Ik ben Nederlander, -se
Sóc neerlandès, neerlandesa
Soy neerlandés, neerlandesa

Uit welk deel van Spanje komt u?
De quina regió / comarca d'Espanya és vostè?
¿De qué región / comarca de España es usted?

Ik kom van Mallorca
Sóc natural de Mallorca
Soy natural de Mallorca

Waar woon je?
On vius?
¿Dónde vives?

Nu woon ik in Barcelona
Ara visc a Barcelona
Ahora vivo en Barcelona

Ik zal je / u mijn adres geven
Et / li dono la meva adreça
Te / le doy mi dirección

4. TALENKENNIS
CONEIXEMENT DE LLENGÜES
CONOCIMIENTO DE LENGUAS

Pardon, ik ben buitenlander en spreek geen Catalaans / Spaans
Perdoni, sóc estranger i no parlo català / castellà
Perdone, soy extranjero y no hablo catalán / castellano -español

Spreekt u Engels, Frans of Duits?
Parla anglès, francès o alemany?
¿Habla usted inglés, francés o alemán?

Ik spreek vrij goed Italiaans
Parlo bastant / prou bé l'italià
Hablo bastante bien el italiano

Ik spreek een beetje Frans
Parlo una mica el francès
Hablo un poco francés

En kunt u die taal ook lezen / schrijven?
I llegeix / escriu també en aquesta llengua?
¿Y lee / escribe también en esta lengua?

De Catalaanse uitspraak is niet makkelijk
La pronúncia catalana no és fàcil
La pronunciación catalana no es fácil

Spaans is geen moeilijke taal
El castellà no és una llengua difícil
El español no es una lengua difícil

Verstaat u mij? Begrijpt u mij?
Vostè em comprèn? M'entens?
¿Me entiende usted? ¿Me entiendes?

Ik begrijp / versta u
El / La comprenc
Le / La entiendo

Ik begrijp / versta je niet
No et comprenc
No te entiendo

Ik begrijp / versta u niet, wat heeft u gezegd?
No l'entenc, què diu?
No entiendo, ¿qué dice?

Wat zeg je? Wat? Hoe?
Què dius? Què? Com?
¿Qué dices? ¿Qué? ¿Cómo?

Spreekt u alstublieft wat langzamer
Parli una mica més a poc a poc, sisplau
Hable un poco más despacio, por favor

De Catalanen spreken erg snel
Els catalans parlen molt ràpidament
Los catalanes hablan muy rápido

Herhaalt u dat, alstublieft
Repeteixi-ho, sisplau
Repítalo, por favor

Kun je dat herhalen?
Podries repetir-ho?
¿Podrías repetirlo?

Wat betekent dit woord / deze zin?
Què significa aquesta paraula / frase?
¿Qué significa esta palabra / frase?

Wat wil dat zeggen?
Què vol dir això?
¿Qué quiere decir esto?

Hoe heet deze vrucht?
Com es diu aquesta fruita?
¿Cómo se llama esta fruta?

Hoe zegt men «goedendag» in het Catalaans?
Com es diu «Buenos días» en català?
¿Cómo se dice «Buenos días» en catalán?

Hoe heet dit in het Spaans?
Com es diu això en castellà?
¿Cómo se llama esto en español?

Hoe spreekt men dit woord uit?
Com es pronuncia aquesta paraula?
¿Cómo se pronuncia esta palabra?

Zeg ik het goed zo?
Ho dic bé?
¿Lo digo bien?

Vertaalt u deze zin in het Engels voor me
Tradueixi'm a l'anglès aquesta frase
Tradúzcame al inglés esta frase

Spelt u het, alstublieft
Lletra a lletra / Lletregi-la, sisplau
Deletréela, por favor

Schrijf het voor me op, alstublieft
Escrigui-me-la
Escríbamela

Waar heeft u Spaans geleerd?
On va aprendre ?
¿Dónde aprendió el español?

Aan de universiteit
A la universitat
En la universidad

Op een cursus
En un curs
En un curso

Hoe lang studeert u al Catalaans?
Des de quan estudia català?
¿Desde cuándo estudia catalán?

Ik studeer het al drie jaar
Ja porto més de tres anys estudiant-lo
Llevo ya más de tres años estudiándolo

5. **HET KLIMAAT**. EL CLIMA. *EL CLIMA*

Hoe is het weer?
Quin temps fa?
¿Qué tiempo hace

Het is mooi weer
Fa bon temps, Fa bo
Hace buen tiempo

Het is slecht weer
Fa mal temps
Hace mal tiempo

Het is erg warm
Fa molta calor
Hace mucho calor

Ik heb het warm
Tinc calor
Tengo calor

Het is erg koud
Fa molt fred
Hace mucho frío

Ik heb het koud
Tinc fred
Tengo frío

Het is fris
Fa fresca
Hace fresco

Het is winderig
Fa molt vent
Hace mucho viento

De zon schijnt
Fa sol
Hace sol

Het regent
Plou
Llueve

Het is erg vochtig
Hi ha molta humitat
Hay mucha humedad

Het is benauwd
Fa xafogor
Hace bochorno

Morgen gaat het regenen / sneeuwen
Demà plourà / nevarà
Mañana lloverá / nevará

Er dreigt onweer
Amenaça tempesta
Amenaza tormenta

Hoeveel graden is het?
Quants graus hi ha?
¿A cuántos grados estamos?

Het is vier graden boven / onder nul.
Tenim quatre graus sobre / sota zero. Hi ha quatre graus positius / negatius
Tenemos cuatro grados sobre / bajo cero. Tenemos cuatro grados positivos / negativos

Het vriest
Glaça
Hiela

De temperatuur stijgt / daalt
Les temperatures pugen / baixen
Las temperaturas suben / bajan

6. **REIS**. VIATGE. *VIAJE*

6.1 **Aan de grens**. A la frontera. *En la frontera*

Wanneer zijn we bij de grens ?
Quan arribarem a la frontera?
¿Cuándo llegaremos a la frontera?

We zijn aan de Spaanse grens
Som a la frontera espanyola
Estamos en la frontera española

Vult u dit formulier in
Ompli aquesta fitxa
Rellene esta ficha

Paspoortcontrole
Control de passaports
Control de passaportes

Uw paspoort, alstublieft
El seu passaport, sisplau
Su pasaporte, por favor

Heeft u een visum?
Té visat?
¿Tiene visado?

We hebben geen visum nodig
No ens cal visat
No necesitamos visado

Kan ik mijn ambassade bellen?
Puc telefonar a la meva ambaixada?
¿Puedo telefonear a mi embajada?

Douanecontrole
Control de duana
Control de aduana

Heeft u iets aan te geven?
Té res per a declarar?
Tiene algo que declarar?

Ik heb niets aan te geven
No tinc res per a declarar
No tengo nada que declarar

Wat is uw bagage?
Quin és el seu equipatge?
¿Cuál es su equipaje?

Is dat van u?
Això és de vostè?
¿Esto es de usted?

Laat u mij uw handtas zien
Deixi'm veure la seva bossa de mà
Déjeme ver su bolso de mano

Het is goed. U kunt hem weer sluiten
Està bé. Ja pot tancar-la
Está bien. Ya puede cerrarla

6.2 - 6.6 Reis per auto.
Viatge amb automòbil.
Viaje en automóvil.

6.2 Oriëntatie. Informatie vragen
Orientació. Demanant informació
Orientación. Pidiendo información

Ga ik zo goed naar Lleida?
Vaig bé per anar a Lleida?
¿Voy bien para Lleida? (Lérida)

Waar gaat deze weg heen?
On porta aquesta carretera?
¿A dónde lleva esta carretera?

Hoe kom ik in Girona?
Com arribo a Girona
¿Cómo llego a Girona? (Gerona)

Waar moet ik afslaan?
On he de girar?
¿Dónde tengo que girar?

Kunt u het me op de kaart aanwijzen?
Pot indicar-m'ho en el mapa?
¿Puede indicármelo en el mapa?

Waar kan ik een garage vinden?
On trobo un (auto) taller?
¿Dónde puedo encontrar un taller de reparación de automóviles?

Hoe ver is het naar het volgende tankstation?
A quina distància és la pròxima gasolinera?
¿A qué distancia está la próxima gasolinera?

Is het volgende tankstation ver?
És lluny la pròxima estació de servei?
¿Está lejos la próxima estación de servicio?

Waar?
On?
¿Dónde?

Die kant op
Cap allí
Hacia allí

Rechtdoor
Tot recte
Todo derecho

Doorrijden
Endavant
Adelante

Aan de andere kant
A l'altra banda
Al otra lado

Terug
Endarrere
Atrás

Twee kilometer verderop
A dos quilòmetres d'aquí
A dos kilómetros de aquí

Hier
Aquí mateix
Aquí mismo

Ver
Lluny
Lejos

Dichtbij
Prop
Cerca

Naar beneden
Avall
Abajo

Omhoog
Amunt
Arriba

Naar het noorden
Al nord
Al norte

Naar het zuiden
Al sud
Al sur

Naar het oosten
A l'est
Al este

Naar het westen
A l'oest
Al oeste

Waar zijn we?
On som?
¿Donde estamos?

We zijn hier
Som aquí
Estamos aquí

Blijf deze weg twintig kilometer volgen
Segueixi per aquesta carretera vint quilòmetres
Continúe por esta carretera veinte kilómetros

Sla rechts / links af
Tombi a la dreta / a l'esquerra
Tuerza a la derecha / izquierda

Bij de eerste splitsing
A la primera bifurcació
En la primera bifurcación

Op de eerste / tweede hoek
A la primera / segona cantonada
En la primera / segunda esquina

Deze weg gaat naar Tarragona
Aquesta carretera porta a Tarragona
Esta carretera lleva a Tarragona

Het is nog tien kilometer naar de zee
El mar és a deu quilòmetres d'aquí
El mar está a diez kilómetros de aquí

Ik zal het u op de kaart aanwijzen
Li ho indico en el mapa
Se lo enseño en el mapa

6.3 Bij het tankstation
A la gasolinera
En la gasolinera

Vol, alstublieft
Ple, sisplau
Lleno, por favor

Twintig liter (benzine) normaal, alstublieft
Vint litres de gasolina normal, sisplau
Veinte litros de gasolina normal, por favor

Voor tweeduizend pesetas super alstublieft
Posi'm súper per dues mil pessetes
Póngame súper por dos mil pesetas

Ik wil dertig liter diesel
Vull trenta litres de gas-oil
Quiero treinta litros de gasóleo

Wat is het octaangehalte van super / normaal
De quants octans és la súper / normal?
¿De cuántos octanos es la súper / normal?

Heeft u loodvrije benzine?
Tenen gasolina sense plom?
¿Tienen gasolina sin plomo?

Wilt u de oliestand controleren, alstublieft
Faci el favor de comprovar el nivell de l'oli
Por favor, compruebe el nivel del aceite

De olie moet nodig verwisseld worden
Em cal canviar l'oli
Me hace falta cambio de aceite

Kunt u de banden nakijken?
Vol revisar els pneumàtics?
¿Quiere revisar los neumáticos?

Kunt u dat repareren?
Pot reparar-lo?
¿Puede repararlo?

Waar kan ik een garage vinden?
On trobo un taller de reparacions?
¿Dónde puedo encontrar un taller de reparaciones?

Kunt u de wegenwacht waarschuwen?
Pot avisar el servei d'assistència?
¿Puede avisar el servicio de asistencia?

6.4 Autoreparatie. Onderhoud
Reparació d'automòbils. Manteniment
Reparación de automóviles Mantenimiento

Stelt u ... af
Posi al punt
Ponga a punto

de ontsteking
l'encesa
el encendido

de banden
les rodes
las ruedas

de verlichting
l'enllumenament
el alumbrado

Verwisselt u
Canviï
Cambie

de bougies
les bugies
las bujías

de linker voorband
la roda esquerra del davant
la rueda delantera izquierda

De rechter achterband is lek
La roda dreta del darrere està rebentada
La rueda trasera derecha está pinchada

Kijkt u ... na
Revisi
Revise

de bandendruk
la pressió dels pneumàtics
la presión de los neumáticos

de oliestand
el nivell de l'oli
el nivel del aceite

Mijn auto doet het niet
El meu cotxe està avariat
Mi coche está averiado

De accu is leeg
La bateria està exhaurida
La batería está agotada

Hoe lang duurt de reparatie?
Quant trigarà a reparar-lo?
¿Cuánto tardará en repararlo?

De motor
El motor
El motor

hapert
falla
falla

pingelt
pica
pica / golpea

slaat af
es cala
se cala

trekt niet op
no tira
no tira

start niet
no s'engega
no arranca

wordt te heet
s'escalfa massa
se calienta demasiado

maakt teveel herrie
fa massa soroll
hace demasiado ruido

doet het niet
no funciona
no funciona

schudt
sotragueja, fa sotragades
da sacudidas

ik krijg hem niet in de tweede versnelling
la segona marxa no entra
la segunda marcha no entra

6.5 **Een auto huren**
Lloguer de cotxes
Alquiler de coches

Verhuurt u auto's?
Lloguen cotxes, vostès?
¿Alquilan ustedes coches?

Ik wil voor een week een vierdeurs auto voor vier personen huren
Vull llogar per una setmana un cotxe de quatre portes i quatre places
Quiero alquilar por una semana un coche de cuatro puertas y cuatro plazas

Hoe hoog is de huur per dag?
Quant és el lloguer per dia?
¿Cuánto es el alquiler por día?

Moet men ook de gereden kilometers betalen?
Cal pagar també el quilometratge?
¿Hay que pagar también el kilometraje?

Wie betaalt de benzine?
A càrrec de qui va la gasolina?
¿A cargo de quién va la gasolina?

Is de verzekering bij de prijs inbegrepen?
El preu inclou també l'assegurança?
¿El precio incluye también el seguro?

Waar kan ik de auto afhalen?
On puc recollir el cotxe?
¿Dónde puedo recoger el coche?

Waar moet ik de auto achterlaten?
On he de tornar el cotxe?
¿Dónde tengo que entregar el coche?

6.6 Verkeersongeval
Accident de circulació
Accidente de tráfico

Er is een ongeluk gebeurd
Hi ha hagut un accident
Ha habido un accidente

Er zijn zwaargewonden
Hi ha ferits greus
Hay heridos graves

Er zijn alleen lichtgewonden
Només hi ha ferits lleus
Sólo hay heridos leves

Er is alleen blikschade
Només hi ha danys materials
Sólo hay daños materiales

Waarschuwt u
Avisi
Avise a

de ziekenwagen
l'ambulància
la ambulancia

de politie
la policia
la policía

de brandweer
els bombers
los bomberos

de takelwagen
la grua
la grúa

Roep een arts
Cridi un metge
Llame a un médico

Er is niets (ergs) gebeurd
No ha passat res (de greu)
No ha pasado nada (grave)

Is uw auto verzekerd?
Té assegurat el seu cotxe?
¿Tiene asegurado su coche?

6.7 - 6.9 Treinreis
Viatge amb tren
Viaje en tren

6.7 Op het station / RENFE (Spaanse spoorwegmaatschappij)
A l'estació de ferrocarrils / RENFE
En la estación de ferrocarriles / RENFE

Hoe kom ik op het station?
Com puc arribar a l'estació?
¿Cómo puedo llegar a la estación?

Waar is
On és
¿Dónde está

de restauratie?
la cantina?
la cantina?

het restaurant?
el restaurant?
el restaurante?

het bagagedepot?
la consigna?
la consigna?

het loket?
la taquilla?
la taquilla?

de trein naar Valencia?
el tren per a València?
el tren para Valencia?

spoor twee?
la via dos?
el tren para Valencia?

perron drie?
l'andana tres?
el andén tres

Waar vind ik
On són
¿Dónde está / están

inlichtingen?
la informació?
la información?

de wachtkamer? de toiletten?
la sala d'espera? els lavabos?
la sala de espera? el lavabo? los aseos?

Hoe laat gaat de sneltrein naar Girona?
Quan hi ha tren ràpid per a Girona?
¿Cuándo hay tren rápido para Girona? (Gerona)

Hoe laat gaat de laatste trein naar Barcelona?
Quan surt l'últim tren cap a Barcelona?
¿Cuándo sale el último tren para Barcelona?

Hoe laat arriveert de sneltrein uit Madrid?
Quan arriba el ràpid de Madrid?
¿Cuándo llega el rápido de Madrid?

Heeft de Intercity naar Parijs een slaapwagon?
Porta vagó-llit l'exprés de París?
¿Lleva coche cama el expreso de París?

Hoe duur is een kaartje met couchette?
Quant val el bitllet de llitera?
¿Cuánto cuesta el billete de litera?

Moet men voor de trein van acht en tien uur toeslag betalen?
Cal pagar suplement per al tren de les vuit i deu?
¿Hay que pagar suplemento para el tren de las ocho y diez?

Heeft deze trein een aansluiting naar Madrid?
Té enllaç aquest tren per a Madrid?
¿Tiene enlace este tren para Madrid?

Waar moet ik overstappen?
On cal fer transbord?
¿Dónde hay que hacer transbordo?

Vertrekt de trein naar Valencia hiervandaan?
Surt d'aquí el tren de València?
¿Sale de aquí el tren de Valencia?

Op welk spoor komt de sneltrein uit Girona aan?
A quina via arriba el ràpid de Girona?
¿A qué vía llega el rápido de Girona (Gerona)?

Heeft de Intercity uit Parijs vertraging?
Porta retard l'exprés de París?
¿Trae retraso el expreso de París?

6.8 Borden. Luidsprekerinformatie
Rètols. Informacions per altaveu
Rótulos. Informaciones por el altavoz

Aankomsttijden	**Vertrektijden**
Arribades	Sortides
Llegadas	*Salidas*

Toegang tot de sporen
Accés vies
Acceso vías

Eerst volgende trein op spoor twee is de sneltrein Madrid - Port Bou
Pròxima circulació per via dos ràpid procedent de Madrid que va a Port Bou
Próxima circulación por vía dos rápido procedente de Madrid que va a Port Bou

Op spoor drie komt binnen: de stoptrein naar Mataró
Entrarà per via tres rodalies que va a Mataró
Por vía tres va a efectuar su entrada cercanías con destino a Mataró

Op spoor drie staat gereed: de Intercity uit Valencia
Aturat en via cinc exprés procedent de València
Estacionado en vía cinco expreso procedente de Valencia

De trein zal over enkele minuten vertrekken. Hij stopt niet in Figueres
Aviat sortirà. No s'atura a Figueres
Saldrá en breve. No para en Figueres

Het is de intercity naar Sitges
És directe a Sitges
Es directo a Sitges

6.9 Kaartverkoop
Comprant bitllets
Comprando billetes

Een treinkaartje naar Tarragona, alstublieft
Doni'm, sisplau, un bitllet per a Tarragona
Déme, por favor, un billete para Tarragona

Treinkaartje
Bitllet
Billete

Groepskaart
Bitllet col·lectiu
Billete colectivo

Een groepskaart voor acht personen
Bitllet col·lectiu per a vuit persones
Billete colectivo para ocho personas

Kaartje eerste klas
Bitllet de primera (classe)
Billete de primera (clase)

Een kaartje voor de halve prijs
Mig bitllet
Medio billete

Kinderkaartje
Bitllet d'infant
Billete de niño

Kaartje met reductie
Bitllet de tarifa reduïda
Billete de tarifa reducida

Kaartje met couchette
Bitllet de vagó-llit
Billete de coche cama

Kaartje voor een slaapwagon
Bitllet de llitera
Billete de litera

Tweede klas kaartje
Bitllet de segona (classe)
Billete de segunda (clase)

Enkele reis (kaartje)
Bitllet d'anar
Billete de ida

Retour (kaartje)
Bitllet d'anar i tornar
Billete de ida y vuelta

Perronkaartje
Bitllet d'andana
Billete de andén

Plaatsreservering
Reserva de seient
Reserva de asiento

Reductie
Reducció
Reducción

Toeslag
Suplement
Suplemento

6.10 **Vliegen.** Viatge amb avió. *Viaje en avión*

Waar wilt u zitten? Bij het raam, aan het gangpad of in het midden?
On vol seure? Al costat de la finestreta, al costat del passadís o al centre?
¿Dónde quiere sentarse? ¿Al lado de la ventanilla, al lado del pasillo o en el centro?

Als u een pacemaker heeft, ga dan niet door de controle
No passeu amb marcapàs
No pasar con marcapasos

Vlucht AIR FRANCE, Nummer..., met bestemming Parijs, naar pier vier
Vol AIR FRANCE, número..., amb destinació a París, porta d'embarcament quatre
Vuelo AIR FRANCE, número..., con destino a París, puerta de embarque cuatro

Niet roken, alstublieft
No fumin, sisplau
Absténganse de fumar

Zet uw rugleuning in verticale positie
Mantinguin en posició vertical el respatller dels seients
Mantengan en posición vertical el respaldo de sus asientos

Gesp uw veiligheidsgordel om
Cordin-se els cinturons de seguretat
Abróchense los cinturones de seguridad

6.11 **Reis per boot**. Viatge amb vaixell. *Viaje en barco*

Voor we in Valencia aankomen, maken we een tussenstop op Ibiza
Abans d'arribar a València, fem escala a Eivissa
Antes de llegar a Valencia, hacemos escala en Eivissa (Ibiza)

Ik ben zeeziek. Waar kan ik een geneesmiddel tegen zeeziekte krijgen?
Em marejo. On puc aconseguir algun remei per al mareig?
Me mareo. ¿Dónde puedo conseguir algún remedio para el mareo?

Is er een arts aan boord? Waar kan ik hem vinden?
Hi ha metge de bord? On el trobo?
¿Hay médico de a bordo? ¿Dónde lo encuentro?

6.12 Op het reisbureau
A l'agència de viatges
En la agencia de viajes

Kan ik een folder krijgen van wat u aan te bieden heeft ?
Puc rebre un prospecte / fulletó sobre els seus serveis?
¿Puedo recibir un folleto sobre sus servicios?

Verkoopt u
Venen bitllets
¿Venden billetes de

Busktickets?	**Vliegtickets?**	**Treinkaartjes?**
d'autocar?	d'avió?	de tren?
autocar?	*avión?*	*tren?*

Verzorgt u hotelreserveringen?
S'encarreguen de la reserva d'habitacions?
¿Se encargan de la reserva de habitaciones?

Organiseert u excursies?
Organitzen excursions?
¿Organizan excursiones?

Kan men ook auto's huren?
Tenen servei de lloguer de cotxes?
¿Tienen servicio de alquiler de coches?

Waar kan ik me opgeven voor een excursie naar Andorra ?
On puc inscriure'm per a una excursió a Andorra?
¿Dónde puedo inscribirme para una excursión a Andorra?

Organiseert u excursies naar Mallorca?
Organitzen excursions a Mallorca?
¿Organizan excursiones a Mallorca?

Wat is de prijs van de rondreis door Andalusië?
Quin és el preu del circuit d'Andalusia?
¿Cuál es el precio del circuito de Andalucía?

Op welke dagen geldt het laagseizoentarief?
En quines dates és vàlida la tarifa de temporada baixa?
¿En qué fechas es válida la tarifa de temporada baja?

Wanneer eindigt het hoogseizoen?
Quan acaba la temporada alta?
¿Cuándo acaba la temporada alta?

Waar vertrekt de bus?
D'on surt l'autocar?
¿De dónde sale el autocar?

Wat is het eindpunt van de reis en hoe laat komt de bus daar aan?
Quan i on arriba l'autocar l'últim dia?
¿Cuándo y dónde llega el autocar el último día?

7. ONDERKOMEN
ALLOTJAMENT
ALOJAMIENTO

7.1 Op zoek naar een onderkomen
Buscant allotjament
Buscando alojamiento

Is hier een (twee sterren) hotel in de buurt?
Hi ha prop d'aquí un hotel (de dues estrelles)?
¿Hay aquí cerca un hotel (de dos estrellas)?

Kunt u mij een goed pension aanbevelen dat niet zo duur is?
Podria recomanar-me un bon hostal que no sigui gaire car?
¿Podría recomendarme un buen hostal que no sea muy caro?

Ik wil een kamer bij particulieren huren
Voldria llogar una habitació en una casa particular
Quisiera alquilar una habitación en una casa particular

Ik zoek een hotel met garage
Busco un hotel que tingui garatge
Busco un hotel que tenga garaje

Ik wil graag een slaapplaats in de buurt van het strand hebben
Voldria allotjar-me prop de la platja
Quisiera alojarme cerca de la playa

Kunt u mij een hotel in het centrum noemen?
Tingui la bondat d'indicar-me un hotel cèntric
¿Podría indicarme un hotel céntrico?

7.2 - 7.4 **Het hotel**. L'hotel. *El hotel*

7.2 **Aankomst**. Arribada. *Llegada*

Ik heb hier een kamer gereserveerd. Mijn naam is...
Tinc aquí una habitació reservada. El meu nom és...
Tengo aquí una habitación reservada. Mi nombre es...

Heeft u kamers vrij?
Tenen habitacions lliures?
¿Tienen habitaciones libres?

Ik wil een eenpersoons / tweepersoonskamer
Vull una habitació individual / doble
Necesito una habitación sencilla / doble

met koud en warm water
amb aigua freda i calenta
con agua fría y caliente

met een extra bed
amb un llit supletori
con una cama supletoria

met douche
amb dutxa
con ducha

met wastafel
amb lavabo
con lavabo

met wc
amb wàter
con water

met bad
amb bany
con baño

zonder bad
sense bany
sin baño

voor een nacht
per a una nit
para una noche

voor twee dagen
per a dos dies
para dos días

voor een week	**voor twee weken**
per a una setmana	per a dues setmanes
para una semana	*para dos semanas*

Ik wil graag uitzicht op zee / de bergen hebben
Voldria vista al mar / a les muntanyes
Quisiera vista al mar / a las montañas

Ik wil graag volledig pension
Voldria pensió completa
Quisiera pensión completa

Ik wil graag half pension
Voldria mitja pensió
Quisiera media pensión

Ik wil een eenpersoonskamer
Desitjo l'habitació sola
Deseo solo la habitación

Wat kost een kamer voor een nacht?
Quin és el preu de l'habitació per a una nit?
¿Cuál es el precio de la habitación para una noche?

Per persoon?
Per persona?
¿Por persona?

Met ontbijt?
Inclòs l'esmorzar? Inclòs el desdejuni?
¿Incluido el desayuno?

Hoeveel moet ik vooruitbetalen?
Quant cal pagar a compte?
¿Cuánto hay que pagar a cuenta?

Kan ik de kamer zien?
Podria veure l'habitació?
¿Podría ver la habitación?

Hij bevalt me
M'agrada
Me gusta

Hij bevalt me niet
No m'agrada
No me gusta

Ik neem hem
Em convé
Vale, Está bien

Wilt u mijn bagage boven laten brengen?
Faci pujar el meu equipatge
Mande subir mi equipaje

7.3 Na het betrekken van de kamer
Després d'ocupar l'habitació
Después de ocupar la habitación

In mijn kamer
A la meva habitació
En mi habitación

ontbreekt een stoel
falta una cadira
falta una silla

werkt de telefoon niet
no funciona el telèfon
no funciona el teléfono

is geen toiletpapier
no hi ha paper higiènic
no hay papel higiénico

is geen stroom
no hi ha corrent (elèctric)
no hay corriente (eléctrica)

Mijn kamernummer is: ...
El número de la meva habitació és: ...
El número de mi habitación es: ...

Kunt u mij zeggen hoe de airconditioning werkt?
Podria ensenyar-me com funciona l'aire condicionat?
¿Podría enseñarme cómo funciona el aire acondicionado?

Brengt u mij alstublieft
Faci el favor de portar
Haga el favor de traer

zeep
sabó
jabon

een glas
un got
un vaso

In mijn kamer
A la meva habitació
En mi habitación

is de gloeilamp doorgebrand
la bombeta està fosa
la bombilla està fundida

druppelt de kraan
l'aixeta degota
el grifo gotea

kan het raam niet open
no es pot obrir la finestra
no se puede abrir la ventana

kan de kast niet afgesloten worden
no es pot tancar l'armari
no se puede cerrar el armario

Mijn kamer is niet gedaan
La meva habitació no està arreglada
Mi habitación no está arreglada

Hoe hoog is het voltage hier?
Quin és el voltatge aquí?
¿Qué voltaje hay aquí?

Ik heb een driewegstekker / adapter nodig
Em fa falta un lladre / adaptador
Necesito un ladrón / adaptador

Waar is?
On és?
¿Dónde está?

de eetkamer
el menjador
el comedor

de salon
el saló
el salón

de bar
el bar
el bar

Kan men mijn
Hi ha la possibilitat que em
Es posible que me

kleren wassen
rentin la roba
laven la ropa

schoenen poetsen
netegin les sabates
limpien los zapatos

broek strijken
planxin els pantalons
planchen los pantalones

knoop aanzetten
cusin un botó
cosan un botón

Waar kan men?
On es pot?
¿Dónde se puede?

postzegels kopen
comprar segells
comprar sellos

geld wisselen
canviar diners
cambiar dinero

zich voor excursies / activiteiten aanmelden
apuntar-se a excursions / activitats
apuntarse a excursiones / programas

Wekt u me morgen om zeven uur
Demà cridi'm a les set
Mañana llámeme a las siete

Ik heb mijn kamersleutel verloren
He perdut la clau de la meva habitació
He perdido la llave de mi habitación

Ik heb de sleutel in mijn kamer laten liggen
He deixat la clau dintre de la meva habitació
He dejado la llave en mi habitación

Als men mij zoekt, ik ben ongeveer vijf uur terug
Si em busquessin, torno cap a les cinc
Si me buscaran, vuelvo a eso de las cinco

7.4 **Vertrek**. La sortida. *La partida*

Ik vertrek morgen
Marxo demà
Me voy mañana

vroeg
al matí
por la mañana

Om het middaguur
al migdia
al mediodía

Hoe laat moet men de kamer verlaten?
A quina hora he de deixar lliure l'habitació?
¿A qué hora tengo que dejar libre la habitación?

Zorgt u ervoor dat de rekening klaar ligt
Tingui el compte preparat
Tenga mi cuenta preparada

De rekening, alstublieft
El compte, sisplau
La cuenta, por favor

Klopt dat wel? Ik ben hier maar twee nachten geweest
No s'equivoca? Només hi he estat dues nits
¿No se equivoca? Sólo he estado dos noches

Roept u een taxi voor mij
Cridi'm un taxi
Llámeme un taxi

Laat u mijn bagage naar beneden brengen
Mani baixar el meu equipatge
Mande bajar mi equipaje

7.5 **Camping**. Càmping. *Cámping*

Is hier een camping?
Hi ha per aquí un càmping?
¿Hay por aquí un cámping?

Is kamperen hier toegestaan?
És permès acampar aquí?
¿Se permite acampar aquí?

Is er plaats	**voor een tent?**
Hi ha lloc	per a una tenda?
¿Hay sitio	*para una tienda?*
	een caravan?
	per a una caravana?
	para una caravana?
	een camper?
	per a una autocaravana?
	para una autocaravana?

Hoeveel kost een nacht?
Quant cal pagar per una nit?
¿Cuánto hay que pagar por una noche?

Verhuurt u tenten?
Lloguen tendes?
¿Alquilan tiendas?

Waar kan ik mijn gasfles inruilen / laten vullen?
On puc canviar / fer omplir la bombona de gas?
¿Dónde puedo cambiar / hacer llenar la bombona de gas?

Waar kan men	**koken**	**afwassen**
On es pot	cuinar	rentar el plats
¿Dónde se puede?	*cocinar*	*fregar los platos*

kleding wassen
rentar roba
lavar ropa

Mogen we een kampvuur maken?
Podem encendre una foguera?
¿Podemos encender una hoguera?

Waar is de dichtsbijzijnde levensmiddelenzaak?
A quina distància es troba la botiga de queviures més propera?
¿A qué distancia está la tienda de comestibles más cercana?

8. **DE STAD**. LA CIUTAT. *LA CIUDAD*

8.1 **De stad bezichtigen**. Visita de la ciutat. *Visita de la ciudad*

Heeft u een plattegrond voor mij?
Pot facilitar-me un plànol de la ciutat?
¿Puede facilitarme un plano de la ciudad?

Wat zijn de belangrijkste bezienswaardigheden van de stad?
Quins són els monuments més importants de la ciutat?
¿Cuáles son los monumentos más importantes de la ciudad?

Kunt u mij een route aanbevelen waarbij de stad in een of twee dagen bezichtigd kan worden?
Pot recomanar-me un itinerari per a una visita de la ciutat en un dia / dos dies?
¿Puede recomendarme un itinerario para una visita de la ciudad en un día / dos días?

Organiseert u stadsbezichtigingen onder leiding van een gids?
Organitzen visites comentades de la ciutat?
¿Organizan visitas comentadas de la ciudad?

In welke taal spreekt de gids?
En quina llengua parla el guia?
¿En que lengua habla el guía?

Hoeveel kost deelname?
Quant costa la participació?
¿Cuánto cuesta la participación?

Waar vertrekt de bus?
D'on surt l'autocar?
¿De dónde sale el autocar?

8.2 **Informatie vragen in de stad**
Demanant informació a ciutat
Pidiendo información en la ciudad

Hoe ver is het?
A quina distància es troba?
¿A qué distancia está?

Is het centrum ver?
És lluny el centre de la ciutat?
¿Está lejos el centro de la ciudad?

Hoe kom ik in het centrum?
Com puc arribar al centre de la ciutat?
¿Cómo puedo llegar al centro de la ciudad?

Waar is het stadhuis?
On és l'ajuntament?
¿Dónde se encuentra el ayuntamiento?

Is hier een brievenbus in de buurt?
Hi ha una bústia aquí a prop?
¿Hay aquí cerca un buzón?

Is het de moeite waard er met de auto heen te gaan?
Val la pena d'anar-hi amb cotxe?
¿Vale la pena ir en coche?

Het is heel dichtbij
És molt a prop
Está muy cerca

U kunt te voet gaan
Pot anar-hi a peu
Puede ir a pie

Bij de derde hoek naar rechts
A la tercera cantonada tombi a la dreta
En la tercera esquina doble a la derecha

Het is wat ver
És una mica lluny
Está un poco lejos

Welke bus / metro moet ik nemen?
Quin autobús / metro he d'agafar?
¿Qué autobús / metro tengo que tomar?

Waar is de bushalte / het metrostation?
On és la parada de l'autobús / l'estació de metro?
¿Dónde está la parada de autobuses / la estación de metro?

Honderdvijftig meter verderop
A cent cinquanta metres d'aquí
A ciento cincuenta metros de aquí

Op de hoek
A la cantonada
En la esquina

De tweede kruising naar links / rechts
Al segon carrer a l'esquerra / a la dreta
En la segunda calle a la izquierda / a la derecha

Waar moet ik uitstappen?
On he de baixar?
¿Dónde tengo que bajar?

Hoeveel haltes is het?
Quantes parades he de fer?
¿Cuántas paradas tengo que seguir?

Moet ik overstappen?
He de fer transbord?
¿Tengo que transbordar?

Wat kost een kaartje?
Quant val el bitllet?
¿Cuánto vale el billete?

Hier
Aquí
Aquí

Rechtdoor
Tot recte
Todo derecho

Naar rechts
A la dreta
A la derecha

Naar links
A l'esquerra
A la izquierda

8.3 Openbaar vervoer, opschriften, luidsprekerinformatie
Transport urbà, rètols, informacions per altaveu
Transporte urbano, rótulos, informaciones por el altavoz

Lijn 5
Línia 5 (cinc)
Línea 5 (cinco)

Richting Horta
Direcció Horta
Dirección Horta

Uitgang Bailén
Sortida Bailèn
Salida Bailén

Volgende station: Diagonal
Pròxima estació: Diagonal
Próxima estación: Diagonal

Aansluiting op lijn drie
Correspondència amb línia tres
Correspondencia con línea tres

Attentie. Trek aan de hendel om deuren te openen
Atenció. Per obrir, accioneu la palanca
Atención. Para abrir, accionar la palanca

Volgende halte
Demaneu / sol·liciteu parada
Solicite parada

8.4 **De taxi**. El taxi. *El taxi*

Roept u alstublieft een taxi voor me
Cridi'm un taxi, sisplau
Por favor, llámeme un taxi

Waar kan ik een taxi vinden?
On puc trobar un taxi?
¿Dónde puedo encontrar un taxi?

Is hier een taxi-standplaats?
Hi ha prop d'aquí una parada de taxis?
¿Hay por aquí una parada de taxis?

Stuurt u me morgenochtend om zeven uur een taxi
Envii'm un taxi demà a les set del matí
Mándeme un taxi mañana a las siete de la mañana

Ik woon in carrer Balmes, op nummer 12
La meva adreça és carrer Balmes, número dotze
Mi dirección es calle Balmes, número doce

Naar Plaça Lesseps, alstublieft
Porti'm a la plaça Lesseps
Lléveme a la plaza Lesseps

Hoe duur is het naar het vliegveld?
Quant em costaria anar a l'aeroport?
¿Cuánto me costaría ir al aeropuerto?

Hoe lang is het naar het station?
Quant triga a arribar a l'estació?
¿Cuánto tarda en llegar a la estación?

Ik heb haast
Tinc pressa
Tengo prisa

Wacht u hier even
Esperi'm aquí un moment
Espéreme aquí un momento

We zijn er
Hem arribat
Hemos llegado

Stopt u hier
Pari aquí
Pare aquí

Wat ben ik u schuldig?
Què li dec?
¿Qué le debo?

Op hoeveel staat de taximeter?
Quant maca el taxímetre?
¿Cuánto marca el taxímetro?

Alstublieft, de rest (het kleingeld) is voor u
Tingui, quedi's el canvi
Tenga, quédese con la vuelta

8.5 **Parkeren**. Pàrking. *Aparcamiento*

Kan ik mijn auto hier neerzetten?
Puc deixar aquí el meu cotxe?
¿Puedo dejar aquí mi coche?

Over tweehonderd meter vindt u een ondergrondse parking
A dos-cents metres trobarà un pàrking subterrani
A doscientos metros encontrará un aparcamiento subterráneo

Bij het binnengaan moet u een kaartje meenemen
En entrar, prengui el tiquet
Al entrar, recoja el ticket

Het is hier verboden te parkeren
És prohibit estacionar aquí
Está prohibido estacionar aquí

Parkeert u niet hier, anders
No aparqui aquí, perquè la policia
No aparque aquí, porque la policía

krijgt u een bekeuring
el multarà,
le va a multar,

wordt uw auto weggesleept
s'emportarà el seu cotxe
se llevarà su coche

U kunt hier alleen parkeren als u geld in de parkeermeter doet
Només pot aparcar aquí si tira monedes al parquímetre
Sólo puede aparcar aquí si echa monedas en el parquímetro

U mag maximaal anderhalf uur parkeren
Pot aparcar una hora i mitja com a màxim
Puede aparcar una hora y media como máximo

8.6 **Politie**. Policia. *Policía*

Politie!
Policia!
¡Policía!

Dieven! Houdt de dief!
Lladres! Al lladre!
¡Ladrón! ¡Al ladrón!

Roept u alstublieft de politie
Cridi la policia, sisplau
Llame a la policía, por favor

Waar is het politiebureau?
On és la comissaria de policia?
¿Dónde encuentro la comisaría de policía?

Ik heb mijn papieren verloren
He perdut els meus documents
He perdido mis documentos

Ik ben verdwaald
M'he perdut
Me he perdido

Ik ben bestolen
M'han robat
Me han robado

Het was deze man
Ha estat aquest home
Ha sido este hombre

Het was deze vrouw
Ha estat aquesta dona
Ha sido esta mujer

Zij waren het
Han estat aquests
Han sido éstos

Ik heb getuigen
Tinc testimonis
Tengo testigos

Bent u bereid te getuigen?
Està vostè disposat (-ada) a fer de testimoni?
¿Está usted dispuesto (-a) a servir de testigo?

Men heeft mijn ... gestolen
M'han robat
Me han robado

fototoestel
la cambra fotogràfica
La cámara fotográfica

auto
el cotxe
el coche

geld
els diners
el dinero

envelop
la cartera
la cartera

handtas
la bossa de mà
el bolso de mano

Men heeft mij overvallen en mijn ... gestolen
M'han atracat i m'han pres
Me han atracado y me han quitado

ring
l'anell
el anillo

armband
la polsera
la pulsera

(hals)ketting
el collaret
el collar

horloge
el rellotge
el reloj

Ik wil aangifte doen van
Voldria denunciar
Quisiera denunciar

een ongeluk
un accident
un accidente

een verkrachting
una violació
una violación

overval
un atracament
un atraco

een beroving
un robatori
un robo

Neemt u alstublieft mijn aangifte op
Tinguin la bondat de prendre acta
Tengan la bondad de levantar acta

Kunt u een beschrijving van de overvaller geven?
Pot fer una descripció de l'atracador?
¿Puede dar una descripción del atracador?

Zou u de dief kunnen herkennen?
Podria reconèixer el lladre?
¿Podría reconocer al ladrón?

Ik wil graag een tolk / advocaat
Voldria un intèrpret / advocat
Quisiera un intérprete / abogado

Ik heb niets gedaan
No he fet res
No he hecho nada

Ik wil de Nederlandse consul spreken
Vull parlar amb el cònsol d'Holanda
Quiero hablar con el cónsul de Holanda

U heeft een overtreding begaan
Vostè ha comès una infracció
Usted ha cometido una infracción

U heeft in een zone geparkeerd waar een parkeerverbod geldt
Vostè ha aparcat en zona prohibida
Usted ha aparcado en zona prohibida

Ik moet u bekeuren
He de multar-lo (-a)
Tengo que multarle

9. **VRIJE TIJD**. TEMPS LLIURE. *TIEMPO LIBRE*

9.1 **Vrijetijdsbesteding**. Lleure. *Ocio*

Wat is uw hobby?
Quina és la seva diversió favorita?
¿Cuál es su entretenimiento favorito?

... vind ik leuk / ik wil graag...
M'agrada / m'agradaria
Me gusta / gustaría

paardrijden
muntar a cavall
montar a caballo

biljart spelen
jugar al billar
jugar al billar

excursies maken
fer excursions
hacer excursiones

lezen
llegir
leer

Musea en tentoonstellingen bezoeken
visitar museus i exposicions
visitar museos y exposiciones

Televisie kijken
veure la tele(visió)
ver la tele(visión)

Schaken
jugar als escacs
jugar al ajedrez

Naar de radio luisteren
escoltar la ràdio
escuchar la radio

Surfen
practicar surfing
practicar el surfing

Tennissen
jugar al tennis
jugar al tenis

	zwemmen	**dansen**
	nedar	ballar
	nadar	*bailar*

Mijn vrouw is een liefhebster van film / theater
La meva dona és aficionada al cine / teatre
Mi mujer es aficionada al cine / teatro

Ik verzamel postzegels
Col·lecciono segells
Colecciono sellos

Verzamelt u iets?
Vostè és col·leccionista d'alguna cosa?
¿Usted es coleccionista de algo?

Ik besteed al mijn vrije tijd aan
Dedico tot el meu temps lliure a
Dedico todo mi tiempo libre a

vissen	**de bijenteelt**	**de jacht**
la pesca amb canya	l'apicultura	la caça
la pesca con caña	*la apicultura*	*la caza*

Ik ben een verwoed zoeker van paddestoelen
Sóc un boletaire apassionat
Soy un buscador apasionado de setas

Heeft u zin in een spelletje		**domino?**
Té ganes de jugar		al dominó?
¿Tiene ganas de jugar		*al dominó?*
	dobbelen?	**kaart?**
	als daus?	a cartes?
	a los dados?	*a las cartas?*

Kunt u me het Spaanse kaartspel uitleggen?
Pot ensenyar-me com és la baralla espanyola?
¿Puede enseñarme cómo es la baraja española?

Vanavond kunnen we gaan dansen
Aquesta nit podríem sortir a ballar
Esta noche podríamos salir a bailar

Kent u hier in de buurt een leuke danszaal?
Coneix aquí prop una bona sala de festes?
¿Conoce aquí cerca una buena sala de fiestas?

Mag ik de televisie aanzetten?
Puc engegar la tele?
¿Puedo encender la tele?

Mag de radio alsjeblieft wat zachter
Baixi el volum de la ràdio, sisplau
Baje el volumen de la radio, por favor

Kunt u me zeggen wat de openingstijden van het Museu d'Art de Catalunya zijn?
Pot dir-me l'horari del Museu d'Art de Catalunya?
¿Puede decirme el horario del Museo de Arte de Cataluña?

Wanneer kan men het Picassomuseum bezoeken?
Quan es pot visitar el museu Picasso?
¿Cuándo se puede visitar el museo Picasso?

Waar is de «Guernica» van Picasso tentoongesteld?
On és exposat el «Guernica» de Picasso?
¿Dónde está expuesto el «Guernica» de Picasso?

Zijn er in dit seizoen stierengevechten?
Se celebren «corridas» en aquesta temporada?
¿Se celebran corridas en esta temporada?

9.2 **In het theater**. Al teatre. *En el teatro*

Vanavond wil ik graag naar het theater gaan. Kunt u me een leuk stuk aanbevelen?
Aquesta nit voldria anar al teatre. Podria recomanar-me una peça entretinguda?
Esta noche quisiera ir al teatro. ¿Podría recomendarme una obra entretenida?

Als u de taal niet spreekt / begrijpt, zou ik u een muziekvoorstelling aanbevelen
Si no saben bé la llengua, els recomanaria un espectacle musical
Si no hablan / entienden la lengua, les recomendaría un espectáculo musical

Welk stuk wordt morgen gespeeld?
Quina obra fan demà?
¿Qué obra darán mañana?

Wilt u twee kaartjes voor de voorstelling van morgen voor me reserveren?
Seria tan amable de reservar-me dues localitats per a la funció de demà?
¿Haría el favor de reservarme dos localidades para la función de mañana?

Twee plaatsen op de tweede rij, eerste balkon alstublieft
Sisplau, dues entrades de la segona fila del primer pis
Por favor, dos entradas de la segunda fila del primer piso

Hoe laat begint de voorstelling?
A quina hora comença la funció?
¿A qué hora comienza la función?

Na aanvang van de voorstelling mag men de zaal niet meer in
Un cop començada la representació, no podran entrar a la sala
Una vez iniciada la representación, no podrán entrar en la sala

9.3 **In de bioscoop**. Al cine. *En el cine*

Heeft u een filmladder?
Té una cartellera de teatres i cines?
¿Tiene usted una cartelera de espectáculos?

Ik wil graag een ... film gaan zien
M'agradaria anar a veure una pellícula
Me gustaría ir a ver una película

detective-
policíaca, de lladres i serenos
policíaca

lach-
còmica
cómica, de risa

avonturen-
d'aventures
de aventuras

liefdes- d'amor *de amor*	**porno-** de sexe *de sexo*
science-fiction de ciència-ficció *de ciencia-ficción*	**western** de l'oest *del oeste*

Kunt u me zeggen in welke bioscoop vanavond een ... film draait?
Podria dir-me en quin cine fan aquest vespre una pel·lícula ...?
Podria decirme dónde ponen esta noche una película ...?

Engelse anglesa *inglesa*	**Franse** francesa *francesa*
Duitse alemanya *alemana*	**niet nagesynchroniseerde** en versió original *en versión original*

Hoe laat beginnen de voorstellingen?
A quina hora comencen les sessions?
¿A qué hora comienzan las sesiones?

Twee kaartjes voor de middagvoorstelling alstublieft. Als het mogelijk is parterre, in het midden van de achtste rij
Sisplau, dues entrades per a la sessió de la tarda. Si pot ser, centrals, en la fila vuit de la platea
Por favor, dos entradas para la sesión de la tarde. Si puede ser, centrales, en la fila ocho de la platea

Het spijt me maar het is een doorlopende voorstelling en de kaartjes zijn niet genummerd
Ho sento, però la sessió és contínua i les entrades no són numerades
Lo siento, pero la sesión es continua y las entradas no son numeradas

9.4 Aanwijzingen in theater en bioscoop
Rètols, avisos al teatre i al cine
Rótulos, avisos en el teatro y en el cine

Maandag gesloten
Dilluns, descans semanal
Lunes, descanso semanal

Niet geschikt voor onder de achttien
No recomanada a més joves de 18 (divuit) anys
No recomendada para menores de 18 (dieciocho) años

Kaartverkoop vanaf twee weken voor de voorstelling
Venda anticipada de localitats amb quinze dies d'antelació
Venta anticipada de localidades con quince días de antelación

Telefonische reservering
Reserves per telèfon
Reservas por teléfono

Korting voor groepen
Preus especials per a grups
Precios especiales para grupos

V.O.S.E.: Originele versie met Spaanse ondertiteling
V.O.S.E.: Versió original subtitulada en espanyol
V.O.S.E.: Versión original subtitulada en español

In de oorspronkelijke taal
Versió original: V.O.
Versión original: V.O.

Alle kaartjes zijn uitverkocht
Totes les localitats estan exhaurides, exhaurides les localitats
Todas las localidades están agotadas, agotadas las localidades

9.5 **Aan het strand**. A la platja. *En la playa*

Welk strand kunt u ons aanbevelen?
Quina platja podria recomanar-nos?
¿Qué playa podría recomendarnos?

Hoeveel graden is het water vandaag?
Quants graus té avui l'aigua?
¿A cuántos grados está hoy el agua?

Waar kunnen we ons omkleden?
On podem despullar-nos?
¿Dónde podemos desvestirnos?

Is het niet gevaarlijk voor kinderen?
No hi ha perill per als nens?
¿No hay peligro para los niños?

Hoeveel is de huur per uur (per twee uur) van
Quant costa el lloguer per una hora (per dues hores)
Cuánto cuesta el alquiler por un hora (por dos horas)

een ligstoel
d'una gandula
de una hamaca

een luchtbed
d'un matalàs inflable
de un colchón neumático

een waterfiets
d'un patí
de un patín

een boot
d'un bot
de un bote

Voorzichtig, niet op zeeëgels trappen!
Compte a no trepitjar eriçons de mar!
¡Cuidado de no pisar erizos de mar!

Kan men hier zwemmen / vissen?
Es pot banyar / pescar aquí?
¿Se puede bañar / pescar aquí?

10. **MAALTIJDEN. RESTAURANT**
ÀPATS. RESTAURANT
COMIDAS. RESTAURANTE

10.1 **Gerechten. Algemeen**
Àpats. Generalitats
Comidas. Generalidades

We willen graag (middag) eten / (avond) eten
Voldriem dinar / sopar
Quisiéramos comer (almorzar) / cenar

Kunt u ons een typisch Catalaans / Spaans restaurant aanbevelen?
Pot recomanar-nos un restaurant típic català / espanyol?
¿Puede recomendarnos un restaurante típico catalán / español?

Is hier een cervecería / bodega in de buurt?
Hi ha aquí a la vora una cerveseria / celler?
¿Hay aquí cerca una cervecería / bodega?

Reserveert u voor ons, alstublieft, voor vanavond half negen een tafel voor vier personen
Reservi'ns sisplau una taula per a quatre persones, per a dos quarts de nou d'aquesta nit
Resérvenos, por favor, una mesa para cuatro personas para las ocho y media de esta noche

Heb je geen honger / dorst?
No tens gana / set?
¿No tienes hambre / sed?

Ik heb een reuzehonger
Tinc molta gana
Tengo mucha hambre

Ik heb dorst
Tinc set
Tengo sed

Laten we gaan ontbijten
Anem a esmorzar
Vamos a desayunar

Laten we iets gaan eten / drinken!
Anem a menjar / prendre alguna cosa!
¡Vamos a comer / tomar algo!

Ik nodig u uit om te
L'invito a
Le / La invito a

(middag)eten, lunchen
dinar
comer, almorzar

(avond)eten	**picknicken**
sopar	berenar
cenar	*merendar*

Ik nodig u uit om een glaasje te drinken
L'invito a prendre una copa
Le / La invito a tomar una copa

Laten we vanavond ergens samen gaan eten!
Sopem plegats!
¡Cenemos juntos!

Laten we in dit restaurant gaan eten!
Entrem en aquest restaurant!
¡Vamos a entrar en este restaurante!

U moet de Catalaanse / Spaanse specialiteiten eens proberen
Ha de tastar les especialitats catalanes / espanyoles
Tiene que probar las especialidades catalanas / españolas

10.2 Ontbijt in het hotel
Esmorzar a l'hotel
Desayuno en el hotel

Is het ontbijt bij de prijs van de kamer inbegrepen?
L'esmorzar està inclòs en el preu de l'habitació?
¿El desayuno está incluido en el precio de la habitación?

We willen graag ontbijten
Voldríem esmorzar
Quisiéramos desayunar

Zegt u me alstublieft, hoe laat wordt het ontbijt geserveerd?
Digui'm, sisplau, a quines hores serveixen l'esmorzar?
Dígame, por favor, ¿entre qué horas sirven el desayuno?

Wilt u het ontbijt boven op de kamer brengen
Faci'm pujar l'esmorzar a l'habitació
Hágame subir el desayuno a la habitación

Waar is de eetzaal?
On és el menjador?
¿Dónde está el comedor?

Waar kunnen we gaan zitten?
On podem seure?
¿Dónde podemos sentarnos?

Wat wilt u drinken?
Què desitgen prendre?
¿Qué desean tomar?

koffie met melk?
cafè amb llet?
café con leche?

chocolademelk?
cacau?
cacao?

thee?
te?
té?

Brengt u mij een vruchtensap
Porti'm un suc de fruita
Traiga un zumo de fruta

Met of zonder suiker?
Amb sucre o sense?
¿Con o sin azúcar?

Ober, brengt u mij nog een koffie
Cambrer, porti'm un altre cafè
Camarero, traiga otro café

Brengt u ons wat / een paar
Porti'ns una mica / unes
Tráiganos un poco / unas

sneetjes brood
llesques de pa
rebanadas de pan

broodjes
uns panets
unos panecillos

10.3 **Dranken**. Begudes. *Bebidas*

Kan ik u iets te drinken aanbieden?
Puc invitar-lo / invitar-la a prendre una copa?
¿Puedo invitarle / invitarla a tomar una copa?

Dank u. Ik neem uw uitnodiging graag aan
Gràcies. Accepto la seva invitació
Gracias. Acepto su invitación

Wat drinken we?
Què prendrem?
¿Qué vamos a tomar?

Wat willen de heren drinken?
Què volen prendre els senyors?
¿Qué desean tomar, los señores?

Brengt u een flesje ijskoud bier, alstublieft
Porti una ampolla de cervesa gelada, si us plau
Traiga una botella de cerveza helada, por favor

Een fles / een liter wijn
Una ampolla / un litre de vi
Una botella / un litro de vino

Welke wijn beveelt u aan?
Quin vi recomana?
¿Qué vino recomienda?

Brengt u me alstublieft meer ijs(blokjes)
Porti més glaçons, sisplau
Traiga más (cubitos de) hielo, por favor

Proost! Op uw gezondheid!
Salut! A la seva salut!
¡Salud! ¡A su salud!

Proost! Op je gezondheid!
Salut! A la teva salut!
¡Salud! ¡A tu salud!

10.4 Middag- en avondeten in een restaurant
Dinar i sopar en un restaurant
Almuerzo y cena en un restaurante

Waar zullen we gaan zitten, hier of in de hoek?
On seiem, aquí o al racó?
¿Dónde vamos a sentarnos, aquí o en el rincón?

De kelner komt er zo aan
El cambrer vindrà de seguida
El camarero viene en seguida

Is deze tafel nog vrij?
És lliure aquesta taula?
¿Está libre esta mesa?

Laten we hier gaan zitten
Seguem aquí
Vamos a sentarnos aquí

Ober, brengt u ons nog een stoel, alstublieft
Cambrer, porti'ns una cadira més, sisplau
Camarero, traiganos otra silla más, por favor

Pardon, is deze stoel vrij?
Perdoni, és lliure aquesta cadira?
Perdone, ¿está libre esta silla?

We willen graag iets eten / drinken
Voldríem menjar / beure alguna cosa
Quisiéramos comer / beber algo

Ober, de kaart alstublieft
Cambrer, la carta, sisplau
Camarero, la carta, por favor

Brengt u nog een mes / vork
Porti'ns un altre ganivet / una altra forquilla
Traiga otro cuchillo / tenedor

Er ontbreekt een lepel	**bestek**	**een zoutvaatje**
Falta una cullera	un cobert	un saler
Falta una cuchara	*un cubierto*	*un salero*

Wat is het dagmenu?
Què és el menú?
¿Qué es el menú?

Brengt u mij het (dag) menu
Serveixi'm el menú (del dia)
Sírvame el menú (del día)

10.5 **Bestelling**. Comanda. *Pedido*

Wat voor aperitief bestellen we?
Quin aperitiu demanem?
¿Qué aperitivo vamos a pedir?

Wat eten we vooraf?
Què mengem per començar?
¿Qué comeremos para empezar?

Een salade?
Amanida?
¿Ensalada?

Houdt u van olijven?
Li agraden les olives?
¿Le gustan las aceitunas?

Wat wilt u als voorgerecht, soep of iets anders?
Què desitja com a primer plat, sopa o alguna altra cosa?
¿Qué desea como primer plato, sopa o alguna otra cosa?

Pasta of rijst?
Pasta o arròs?
¿Pasta o arroz?

Wat kan ik u aanbevelen: vlees, vis of een groentegerecht?
Què puc recomanar-li: carn, peix o algun plat de verdura?
¿Qué le puedo recomendar: carne, pescado o algún plato de verdura?

Heeft u liever gevogelte?
Prefereix aviram?
¿Prefiere aves?

Eet u graag wild?
Li agrada la (carn d'animals de) caça?
Le gusta la (carne de animales de) caza?

Ze maken het hier heel goed klaar
Aquí la preparen molt bé
Aquí la preparan muy bien

Hoe wilt u het vlees hebben, goed doorbakken of nog wat rood?
Com li agrada la carn, molt feta o poc feta?
¿Cómo le gusta la carne, bien hecha o poco hecha?

U moet een van de plaatselijke specialiteiten proberen
Ha de tastar alguna especialitat d'aquí
Tiene que probar alguna especialidad de aquí

Ober!
Cambrer!
¡Camarero!

Wat wenst u?
Què els porto?
¿Qué les traigo?

Brengt u ons om te beginnen een garnalencocktail
Per començar porti'ns còctel de gambes
Para comenzar tráiganos cóctel de gambas

Welke soep beveelt u ons aan?
Quina sopa recomana?
¿Qué sopa recomienda?

Wat voor soep is vichyssoise / Gallicische bouillon?
Quina sopa és la vichissoise / el caldo gallego?
¿Qué sopa es la vichissoise / el caldo gallego?

Als hoofdgerecht willen we graag vis of wild
Com a plat principal, voldríem menjar peix o caça
Como plato principal, quisiéramos comer pescado o caza

Wat kunt u ons aanbevelen?
Què pot recomanar-nos?
¿Qué nos puede recomendar?

Het nagerecht bestellen we later wel
Demanarem les postres més tard
Pediremos los postres más tarde

Eet smakelijk!
Bon profit!
¡Buen provecho! ¡Que aproveche!

Ja, u ook
Igualment
Igualmente

Smaakt het u?
Li agrada?
¿Le gusta?

Dit gerecht is uitstekend / heerlijk
Aquest plat és excel·lent / deliciós
Este plato es excelente / delicioso

Wilt u de salade niet aanmaken?
No vol amanir l'amanida?
¿No quiere aliñar / aderezar la ensalada?

Wat voor bijgerecht wilt u?
Quin acompanyament desitja?
¿Qué guarnición desea?

Wat voor saus wilt u bij het vlees?
Quina salsa vol amb la carn?
Qué salsa quiere con la carne?

Wilt u brood?
Vol pa?
¿Quiere pan?

Wat drinken we erbij?
Què prendrem?
¿Qué vamos a tomar?

Ober, welke wijn beveelt u bij dit vlees aan?
Cambrer, quin vi recomana amb aquesta carn?
Camarero, ¿qué vino recomienda con esta carne?

Wilt u rode - of witte wijn?
Vol vi negre o blanc?
¿Quiere vino tinto o blanco?

Ober, heeft u huiswijn?
Cambrer, tenen vi de la casa?
Camarero, ¿tienen vino de la casa?

Brengt u ons een fles cava (soort spaanse champagne)
Porti'ns una ampolla de cava
Traiganos una botella de cava

Op uw gezondheid
A la seva salut
A su salud

Wat voor nagerecht nemen we?
Què menjarem de postres?
¿Qué vamos a comer de postre?

Wilt u fruit, kaas of zoetigheid?
Vol fruita, formatge o dolços?
¿Quiere fruta, queso o dulces?

Neemt u koffie?
Prendrà cafè?
¿Tomará café?

Wilt u een cognacje? Dat is goed voor de spijsvertering
Vol un conyac? Ajuda a fer la digestió
¿Quiere un coñac? Ayuda la digestión

We toosten op onze vrienden
Brindem pels nostres amics
Brindemos por nuestros amigos

10.6 **De rekening.** El compte. *La cuenta*

Laten we betalen
Paguem
Vamos a pagar

Ober, de rekening alstublieft
Cambrer, el compte, sisplau
Camarero, la cuenta, por favor

Laat maar, ik inviteer u
Deixi-ho, l'invito jo
Déjelo, le invito yo

Ditmaal betaal ik
Aquesta vegada pago jo
Esta vez pago yo

Laten we de rekening delen
Compartim el compte
Vamos a compartir la cuenta

Hoeveel fooi geeft men?
Quanta propina es deixa?
¿Cuánta propina se deja?

Pardon, maar de rekening klopt niet
Perdoni, però aquest compte és errat / equivocat
Perdone, pero esta cuenta está equivocada

Ober, dit is voor u
Cambrer, és per a vostè
Camarero, es para usted

Ik bedank u zeer voor uw uitnodiging
Li agraeixo molt la invitació
Le agradezco mucho la invitación

10.7 Opschriften in het restaurant
Rètols al restaurant
Letreros en el restaurante

Parkeerplaats
Aparcament, pàrking
Aparcamiento, parking

Wegens vakantie gesloten
Tancat per vacances
Cerrado por vacaciones

Gesloten
Descans setmanal
Descanso semanal

Typisch Catalaanse / Spaanse keuken
Cuina típica catalana / espanyola
Cocina típica catalana / española

Privézaal / zaal voor grote gezelschappen
Saló privat / salo per banquets
Salón privado / salón para banquetes

Terras
Terrassa
Terraza

Eetzaal
Menjador
Comedor

Bar
Bar
Bar

Keuken
Cuina
Cocina

Garderobe
Guarda-roba (m)
Guardarropa

WC
Lavabo(s)
Lavabo(s)

Toiletten
Lavabo(s)
Aseo(s), servicio(s)

Heren
Homes
Caballeros

Dames
Dones
Señoras

Openbare telefoon
Telèfon públic
Teléfono público

Menukaart
Carta (de plats)
Carta (de platos)

Wijnkaart
Carta de vins
Carta de vinos

Prijslijst
Llista de preus
Lista de precios

Menu
Menú
Menú

De chef-kok beveelt aan
El xef us suggereix / recomana
El chef le sugiere / recomienda

Bediening inbegrepen
Servei inclòs
Servicio incluido

inclusief b.t.w.
IVA inclòs
I.V.A. incluido

Cheques en creditkaarten worden niet geaccepteerd
No s'admeten talons i targetes de crèdit
No se admiten cheques / talones y tarjetas de crédito

10.8 - 10.22 **De menukaart**. La carta. *La carta*

10.8 **Voorgerechten**. Entremesos. *Entremeses*

Olijven (groene, zwarte)
Olives (verdes, negres)
Aceitunas (verdes, negras)

Kaviaar
Caviar
Caviar

Garnalencocktail
Amanida / Còctel de gambes
Cóctel de gambas

Salade / Cocktail van schelpdieren
Amanida / Còctel de marisc
Ensalada / Cóctel de mariscos

Huzarensalade
Ensalada russa
Ensalada rusa

Ganzepaté
Foie gras
Foie gras

Ham
Pernil
Jamón

Patés
Patés
Patés

Schotel met verschillende vleeswaren
Assortiment de carn freda
Surtido de fiambres

10.9 **Salades**. Amanides. *Ensaladas*

Rauwkostschotel
Crudités
Crudités

Gemengde salade
Amanida mixta
Ensalada mixta

Groene salade
Enciam
Lechuga

Asperges met mayonaise
Espàrrecs amb maionesa
Espárragos con mayonesa

Tomatensalade
Amanida de tomàquet
Ensalada de tomate

Komkommers
Cogombres
Pepinos

10.10 **Deegwaren en rijst**. Pastes i arrossos. *Pastas y arroces*

Canneloni
Canelons
Canelones

Macaroni
Macarrons
Macarrones

Pizza
Pizza
Pizza

Spaghetti
Espaguetis
Espaguetis

Paëlla
Paella, arròs a la cassola
Paella

10.11 **Bijgerechten en sauzen**
Acompanyaments i salses
Guarniciones y salsas

Rijst
Arròs
Arroz

Kroketten
Croquetes
Croquetas

Aardappels
Patates
Patatas

Patat
Patates fregides
Patatas fritas

Aardappelpuree
Puré de patates
Puré de patatas

Knoflookmayonaise
Allioli
Alioli

Ketchup
Catsup
Catsup

Mayonaise
Maionesa, salsa maionesa
Mayonesa, salsa mayonesa

Tomatensaus
Salsa de tomàquet
Salsa de tomate

10.12 **Soepen**. Sopes. *Sopas*

Bouillon
Brou
Caldo

Bouillon, heldere soep
Consomé
Consomé

Groentesoep, romige
Crema de llegums / verdures
Crema de legumbres / verduras

Groentesoep
Sopa de verdures
Sopa de verduras

Escudella
Escudella
«Escudella»

Gazpacho (koude soep)
Gaspatxo
Gazpacho

Soep met balletjes
Sopa de mandonguilles
Sopa de albóndigas

Tomatensoep
Sopa de tomàquet
Sopa de tomate

Vissoep
Sopa de peix
Sopa de pescado

Mosselsoep
Sopa de marisc
Sopa de marisco

10.13 **Groentegerechten**. Plats de verdura. *Platos de verdura*

Linzenschotel
Cassola de llenties
Cazuela de lentejas

Stoofschotel van groenten
Minestra de verdures
Menestra de verduras

Dikke wittebonensoep met vlees, worst en spek
Mongetes estofades, cassola de faves
Fabada, cazuela de habas

Erwtenpuree
Puré de pèsols
Puré de guisantes

10.14 **Bereidingswijze**
Maneres de preparació
Formas de preparación

(vlees) doorbakken, rood, medium
(Carn) feta, poc feta, al punt
(Carne) hecha, poco hecha, al punto

Uit de oven
Al forn
Al horno

geflambeerd
Flamejat (ada)
Flameado (a)

Gefrituurd
Fregit (ida)
Frito (a)

heet gebakken
A la planxa
A la plancha

Gesmoord
Ofegat (ada)
Rehogado (a)

Gevuld
Farcit (ida)
Relleno (a)

Gehakt
Picat (ada)
Picado (a)

Gekookt
Cuit (a)
Cocido (a)

Gekookt
Bullit (ida)
Hervido (a)

Gerookt
Fumat (ada)
Ahumado (a)

Gezouten
Salat (ada)
Salado (a)

Gegratineerd
Gratinat (ada)
Gratinado (a)

Geconfituurd
Confitat (ada)
Confitado (a)

Gemarineerd
En escabetx
En escabeche

Naturel
Al natural
Al natural

Droog
Sec (a)
Seco (a)

Geroosterd, gegrild
A la graella
A la parrilla

Gegrild
Rostit (da)
Asado (a)

Gesmoord
Saltat (ada)
Salteado (a)

Levend
Viu, viva
Vivo (a)

À la crème
Amb crema
A la crema

Gepaneerd
Arrebossat (ada)
Rebozado (a)

Geroosterd, gegrild
A la brasa
A la brasa, braseado (a)

10.15 **Vlees.** Carns. *Carnes*

Biefstuk
Bistec
Bistec, bisté

Filet
Filet
Filete

Vleesschotel (gegrild)
Graellada de carn
Parrillada de carne

Gebraden
Rostit
Asado

Balletjes
Mandonguilles
Albóndigas

Gevulde paprika
Pebrot farcit
Pimiento relleno

Kalfsmedaillons
Medallons de vedella
Medallones de ternera

Ingewanden
Tripes
Callos, tripas

Gepaneerd vlees
Carn arrebossada
Carne rebozada

Ragout
Estofat
Estofado

Rosbief
Rosbif
Rosbif

Schnitzel
Escalopa
Escalope

Varkenskotelet
Costella de porc
Chuleta de cerdo

Varkenslende
Llom de porc
Lomo de cerdo

Tartaar
Bistec tàrtar
Bistec tártar

10.16 Vlees van tamme dieren
Animals domèstics i la seva carn
Animales domésticos y su carne

Rund
Bou
Buey

Geit
Cabrit
Cabrito

Schaap
Moltó, xai
Carnero

Konijn
Conill
Conejo

Lam
Anyell, be
Cordero

Speenvarken
Porcell, garrí
Lechón, cochinillo

Schaap
Ovella
Oveja

Kalf
Vedella
Ternera

10.17 **Wild en gevogelte**. Caça i aviram. *Caza y aves*

Hert
Cérvol
Ciervo, venado

Haas
Llebre, conill de bosc
Liebre

Hen, kip
Gallina
Gallina

Wilde gans
Oca salvatge
Ganso salvaje

Kalkoen
Gall dindi
Pavo

Everzwijn
Senglar, porc senglar
Jabalí

Kwartel
Guatlla
Codorniz

Gans
Oca
Ganso, oca

Eend
Ànec
Pato

Kip
Pollastre
Pollo

10.18 **Vis. Schelpdieren**
Peix. Marisc
Pescado. Mariscos

Oesters
Ostres (vives)
Ostras (vivas)

Gegrilde visschotel
Graellada de peix
Parrillada de pescado

Inktvissen in hun eigen inkt bereid
Pops amb la tinta
Pulpos en su tinta

Zarzuela van vis en schelpdieren
Sarsuela de peix i marisc
Zarzuela de pescado y marisco

10.19 **Zoet- en zoutwater vissen**
Peixos d'aigua dolça i de mar
Peces de agua dulce y de mar

Ansjovis
Anxova
Anchoa

Aal
Anguila
Anguila

Haring
Areng
Arenque

Tonijn
Tonyina
Atún

Kabeljauw
Bacallà
Bacalao

Karper
Carpa
Carpa

Tong
Llenguado
Lenguado

Heek
Lluç
Merluza

Zalm
Salmó
Salmón

Sardien
Sardina
Sardina

Forel
Truita
Trucha

10.20 **Schaaldieren. Slakken**
Marisc. Cargols
Mariscos. Caracoles

Mossel, venusmossel
Musclo, cloïssa, copinya
Mejillón, almeja

Calamares, Inktvis
Calamar(s)
Calamar

Garnaal
Gambeta
Camarón

Krab
Cranc
Cangrejo

Slak
Cargol
Caracol

Garnaal
Gamba
Gamba

Langoestine
Llagosta
Langosta

Schelpdier, schaaldier
Marisc
Marisco

Oester
Ostra
Ostra

Inktvis
Pop
Pulpo

Sepia
Sípia, sèpia
Sepia, jibia

10.21 Desserts en zoete gerechten. Koek en gebak
Postres i plats dolços. Pastes i pastissos
Postres y platos dulces. Pastas y pasteles

Rijstepudding
Arròs amb llet
Arroz con leche

Creme
Crema
Crema

Crêpes
Creps
Creps

Pudding
Flam
Flan

Fruit van het seizoen
Fruita del temps
Fruta del tiempo

Fruitsalade
Macedònia de fruites
Macedonia de frutas

Jam
Melmelada
Mermelada

Mousse au chocolat
Mousse de xocolata
Mousse de chocolate

Pudding
Púding
Puding / pudín / budín

Kaasplank
Safata de formatges
Surtido de quesos

Vruchtenjoghurt
Iogurt de fruites
Yogur de frutas

Taart en zoetigheden
Pastes i pastissos
Pastas y pasteles

Beignets
Bunyols
Buñuelos

Churros (gefrituurde deegslierten)
Xurros
Churros

Koekjes
Pastes seques
Pastes de té, pastas secas

Chocoladetaart
Pastís de xocolata
Pastel de chocolate

Banketbakkerswaar
Rebosteria
Repostería

Een punt taart
Un tall de pastís
Un corte de pastel

10.22 **IJs- en zoetwaren**. Gelats i dolços. *Helados y dulces*

IJscoupe
Copa de gelat
Copa de helado

Coupe met drie bolletjes ijs
Copa de tres boles
Copa de tres bolas

Chocolade-ijs
Gelat de xocolata
Helado de chocolate

Vanille-ijs
Gelat de vainilla
Helado de vainilla

Zoetwaren
Dolços
Dulces

Bonbons
Bombons
Bombones

Snoepjes, snoepwaar
Caramels, confits
Caramelos, confites

Kauwgum
Xiclet
Chicle, goma de mascar

Chocolade met amandelen / hazelnoten
Xocolata amb ametlles / avellanes
Chocolate con almendras / avellanas

Marsepein
Massapà
Mazapán

Turrón, nougatachtige lekkernij
Torró
Turrón

Een tablet chocola
Una rajola de xocolata
Una tableta de chocolate

11. INKOPEN. DIENSTVERLENINGEN
COMPRES. SERVEIS
COMPRAS. SERVICIOS

11.1 Hoeveelheden, eenheden
Porcions, unitats
Porciones, unidades

Ik wil graag
Doni'm, sisplau
Déme, por favor

een liter melk
un litre de llet
un litro de leche

veertig centimeter
quaranta centímetres
cuarenta centímetres

twee ons ham
dos-cents grams de pernil
doscientos gramos de jamón

twee en een half ons kaas
dos-cents cinquanta grams de formatge
doscientos cincuenta gramos de queso

een pond druiven
mig quilo de raïm
medio kilo de uvas

een meter
un metre
un metro

Geeft u hem mij maar helemaal
Doni'm / Posi'm tot / sencer
Déme / Póngame todo / entero

Geeft u me de helft
Doni-me'n la meitat
Déme la mitad

In plakjes alstublieft
Doni-me'l a talls / a llesques
Démelo en lonchas / en tajadas

Geeft u mij
Doni-me'n
Déme

een paar
uns quants
unos quantos

meer
més
más

minder
menys
menos

een (hele) kip
un pollastre (sencer)
un pollo (entero)

een halve kip
mig pollastre
medio pollo

een kwart kip
un quart de pollastre
un cuarto de pollo

een pak paneermeel
un paquet de pa ratllat
un paquete de pan rallado

een pakje sigaretten
un paquet de cigarretes
un paquete de cigarrillos

een stuk kaas
un tros de formatge
un pedazo / trozo de queso

een stuk boter, een pakje boter
un tros de mantega, una pastilla/un paquet de mantega
un pedazo de mantequilla, una pastilla / un paquete de mantequilla

eeen stuk zeep
una pastilla de sabó
una pastilla de jabón

een doosje lucifers
una capsa de mistos / llumins
una caja de cerillas

een kistje sigaren
una capsa de cigars
una caja de puros

een pakje / doosje bouillonblokjes
un paquet / una capsa de pastilles maggi
un paquete / una caja de pastillas maggi

een blikje bier
una llauna de cervesa
una lata de cerveza

een blikje
una llauna
una lata

een blik tomaten
una llauna de tomàquet
una lata de tomate

een paar sokken
un parell de mitjons
un par de calcetines

een (bekertje) yoghurt
un iogurt
un yogur

een glas wijn
un got / vas de vi
un vaso de vino

een (stok) brood
una barra de pa
una barra de pan

een schijf meloen
una tallada de meló
una tajada de melón

een plak ham
un tall de pernil
una loncha / tajada de jamón

een moot heek
una rodanxa de lluç
una rodaja de merluza

een snee brood
una llesca de pa
una rebanada de pan

een reep chocola
una pastilla de xocolata
una tableta de chocolate

een rol toiletpapier
un rotlle / rotllo de paper higiènic
un rollo de papel higiénico

twaalf eieren
una dotzena d'ous
una docena de huevos

een fles wijn / bier
una ampolla de vi / cervesa
una botella de vino / cerveza

een pot honing
un pot de mel
un tarro de miel

een pakje soep
un sobre de sopa maggi
un sobre de sopa maggi

een zak kikkererwten
una bossa de cigrons
una bolsa de garbanzos

11.2 **Maat**. Mesures. *Medidas*

Gewichten. Gewichtsmaten
Pesos. Mesures de pesos
Pesos. Medidas de pesos

Gram
Gram
Gramo

Decigram (10 gram)
Decagram (10 grams)
Decagramo (10 gramos)

Kilogram, kilo
Quilogram, quilo
Kilogramo, kilo

Honderd (kilo)
Quintar
Quintal (métrico)

Ton
Tonelada
Tonelada

Inhoudsmaten
Mesures de capacitat i de volum
Medidas de capacidad y de volumen

Deciliter
Decilitre
Decilitro

Liter
Litre
Litro

Hectoliter
Hectolitre
Hectolitro

Kubieke centimeter
Centímetre cúbic
Centímetro cúbico

Kubieke meter
Metre cúbic
Metro cúbico

Lengtematen
Mesures de longitud
Medidas de longitud

Millimeter
Milímetre
Milímetro

Centimeter
Centímetre
Centímetro

Decimeter
Decímetre
Decímetro

Meter
Metre
Metro

Kilometer
Quilòmetre
Kilómetro

Oppervlaktematen
Mesures de superfície
Medidas de superficie

Vierkante meter
Metre quadrat
Metro cuadrado

Vierkante kilometer
Quilòmetre quadrat
Kilómetro cuadrado

Andere maten
Altres mesures
Otras medidas

Mijl (ruim 5,7 km)
Llegua
Legua

Engelse mijl (1609 meter)
Milla
Milla

Hectare
Hectàrea
Hectárea

Pond (in Spanje 400 gram)
Lliura (400 grams)
Libra (400 gramos)

11.3 Inkopen. Algemeen
Compres. Generalitats
Compras. Generalidades

Wat voor winkels zijn hier?
Quines botigues hi ha per aquí?
¿Qué tiendas hay por aquí?

Waar kan ik enveloppen kopen?
On puc comprar sobres?
¿Dónde puedo conseguir sobres?

Waar is de dichtsbijzijnde tabakszaak / kantoorboekhandel?
On es troba l'estanc més proper / la papereria més propera?
¿Dónde queda el estanco más próximo / la papelería más próxima?

Hoe laat openen / sluiten de winkels?
A quina hora obren / tanquen les botigues?
¿A qué hora abren / cierran las tiendas?

Is het open / gesloten?
Està obert / tancat?
¿Está abierto / cerrado?

Wat wilt u?
Què desitja / desitjen?
¿Qué desea / desean?

Mag het iets meer zijn
És una mica més, no li fa res?
Es un poco mas ¿no le importa?

Wordt u al geholpen?
Ja l'atenen? Ja el / la serveixen?
¿Le / La atienden ya?

Alstublieft?
Aquí ho té
Aquí lo tiene

Wie is de volgende?
Qui toca?
¿Quién es el / la siguiente?

Waarmee kan ik u van dienst zijn?
Què se li ofereix?
¿En qué puedo servirle?

Anders nog iets?
Una altra cosa?
¿Algo más?

Dat was het?
Això és tot
¿Eso es todo?

Dat is totaal tweehonderd pesetas
Són dues-centes pessetes en total
Son doscientas pesetas en total

Ik heb ook nog een paar enveloppen nodig
Necessito també uns sobres
Necesito también unos sobres

Heeft u postzegels?
Té segells també?
¿Tiene sellos también?

Laat u me eens wat ansichtkaarten zien
Ensenyi'm unes postals
Enséñeme unas postales

Wat is daar de prijs van?
Aquest quin preu té?
¿Esto qué precio tiene?

Hoe duur is het?
Quant és?
¿Cuánto cuesta / vale?

Hoeveel krijgt u van me?
Què li dec?
¿Cuánto le debo?

Het is tweehonderd pesetas
Val cent pessetes
Vale cien pesetas

Heeft u niet iets goedkopers?
No en té de més barats?
¿No tiene nada más barato?

Het is te duur
És massa car
Es demasiado caro

Heeft u alleen deze?
Només té aquest (a)?
Solo tiene este (a)?

Heeft u geen andere?
No en té un altre / una altra?
¿No tiene otro (a)?

Dat heeft u niet?
No n'hi ha?
¿No hay?

Heeft u het gewoonlijk wel?
Acostumen tenir-ho
¿Suelen tenerlo / tenerla?

Wanneer heeft u het weer?
Quan en tindrà?
¿Cuándo tendrá?

Geeft u er nog een
Doni-me'n un altre
Déme otro

Kan ik het ruilen?
Pot canviar-me'l?
¿Puede cambiármelo?

Bij wie moet ik betalen?
A qui he de pagar?
¿A quién tengo que pagar?

U kunt wel bij mij betalen
Ja li cobro jo
Ya le cobro yo

Hier heeft u de rekening
Aquí té la factura
Aquí tiene la factura

Gaat u naar de kassa
Passi per la caixa
Pase por la caja

Zal ik het voor u inpakken?
Li ho embolico?
¿Se lo envuelvo?

Kunt u het voor me inpakken?
Emboliqui-me'l
Envuélvamelo

11.4 **Op de markt**. Al mercat. *En el mercado*

Verkoop van groente en fruit
Compra de verdures i fruites
Compra de verduras y frutas

Een kilo sinaasappels, alstublieft
Doni'm un quilo de taronges
Déme un kilo de naranjas

Een pond rijpe tomaten, alstublieft
Doni'm mig quilo de tomàquets madurs
Déme medio kilo de tomates maduros

Ze zijn niet rijp genoeg
No són prou madurs
No están bastante maduros

Rijper, alstublieft
Més madurs, sisplau
Más maduros, por favor

Harder / groener
Més durs / verds
Más duros

Groter / kleiner
Més grans / petits
Más grandes / pequeños

Weegt u deze meloen (voor me)
Pesi ('m) aquest meló
Pése (me) este melón

Hoeveel weegt hij?
Quant pesa?
¿Cuánto pesa?

Is de groente vers?
És fresca la verdura?
¿Es fresca la verdura?

Kunt u me een tasje geven?
Pot donar-me una bossa?
¿Puede darme una bolsa?

Hoe heet deze vrucht in het Catalaans / Spaans?
Com es diu en català / castellà aquesta fruita?
¿Cómo se llama en catalán / español esta fruta?

11.5 **Slagerij**. Carnisseria. *Carnicería*

Geeft u me Doni'm Déme	**een pond kalfsvlees** mig quilo de carn de vedella *medio kilo de carne de ternera*
	drie ons varkenslever tres-cents grams de fetge de porc, *trescientos gramos de hígado de cerdo,*
	een pond reuzel mig quilo de llard *medio kilo de manteca*
Geeft u me ook nog Doni'm també *Déme también*	**tweëneenhalf ons ham** dos-cents cinquanta grams de pernil *doscientos cincuenta gramos de jamón*

Fijn gesneden, alstublieft
En talls fins, sisplau
En lonchas / tajadas finas, por favor

Dikker
Més gruixudes
Más gruesas

Deze is te vet
Aquest és massa gras
Este es demasiado graso

Magerder, alstublieft
Més magre, sisplau
Más magro, por favor

11.6 **Poelier**. Polleria. *Pollería*

Geeft u mij
Doni'm
Déme

een kip
un pollastre
un pollo

een kalkoen
un gall dindi
un pavo

een niet zo grote eend
una oca no gaire grossa
un pato no muy grande

een pond kippeborst
mig quilo de pit de pollastre
medio kilo de pechuga de pollo

Heeft u foie gras / paté van ganzelevertjes?
Té foie gras?
¿Tiene foie gras?

Heeft u kip van het spit?
Té pollastre rostit?
¿Tiene pollo asado?

Geeft u me een hele kip
Doni'm un pollastre sencer
Déme un pollo entero

een halve kip
mig pollastre
medio pollo

een kwart kip
un quarter de pollastre
un cuarto de pollo

Geeft u me twaalf eieren
Doni'm una dotzena d'ous
Déme una docena de huevos

een half dozijn
Mitja dotzena
Media docena

11.7 **Viswinkel**. Peixateria. *Pescadería*

Heeft u verse vis?
Tenen peix fresc?
¿Tienen pescado fresco?

Wat voor vis heeft u?
Quina mena de peixos tenen?
¿Qué tipo de pescado tienen?

Heeft u ook zoetwatervis of alleen zeevis?
Tenen peix d'aigua dolça o només peixos de mar?
¿Tienen pescado de agua dulce o solo pescado de mar?

Ik wil graag gerookte haring
Voldria comprar arengs fumats
Quisiera comprar arenques ahumados

Heeft u diepvriestonijn?
Hi ha tonyina congelada?
¿Hay atún congelado?

Heeft deze vis veel graten?
Té moltes espines aquest peix?
¿Tiene muchas espinas este pescado?

Geeft u me vier moten van deze
Doni'm quatre rodanxes d'aquest
Déme cuatro rodajas de este

De kop / staart wil ik niet
No vull el cap / la cua
No quiero la cabeza / cola

Kunt u de schubben verwijderen?
Pot treure les escates?
¿Puede quitar las escamas?

11.8 **Warenhuis**. Magatzem. *Almacén*

Waar is de ingang?
On és l'entrada?
¿Dónde está la entrada?

De informatie?
La informació?
¿La información?

Waar moet ik mijn tas afgeven?
La consigna?
¿La consigna?

Waar zijn | **de liften?**
On són | els ascensors?
¿Dónde están | *los ascensores?*

de roltrappen?
les escales mecàniques?
las escaleras mecánicas?

de paskamers?
els emprovadors?
los probadores?

Op welke verdieping is de schoenenafdeling?
A quina planta és la sabateria?
¿En qué planta está la zapatería?

Waar vind ik
On són
¿Dónde puedo encontrar

de sportafdeling?
els articles d'esport?
los artículos de deporte?

het hondevoer?
el menjar per a gossos?
la comida para perros?

Het is / Het staat
Són
Está / Están

in het souterrain
al soterrani
en el sótano

parterre
a la planta baixa
en la planta baja

op de eerste verdieping
a la primera planta
en la primera planta

11.9 Kleding, modeartikelen

Peces de vestir, articles de moda

Prendas de vestir, artículos de moda

Laat u me eens een overhemd met lange mouwen en streepjes / ruitjes zien
Mostri'm una camisa de màniga llarga amb ratlles / quadres
Muéstreme una camisa de manga larga a rayas / de cuadros

Welke maat wilt u?
De quina talla la desitja?
¿De qué talla la desea?

Maat achtendertig
De la trenta-vuit
De la treinta y ocho

Welke kleur?
De quin color?
¿De qué color?

Een lichte / donkere kleur
D'un color clar / fosc
De un color claro / oscuro

Het is in de mode. Dat is de nieuwste mode
Està de moda. Això és la darrera moda
Está de moda. Esto es la última moda

Kan ik het passen?
Puc emprovar-me-la?
¿Puedo probármela?

Past u het eens
Emprovi-se-la
Pruébesela

De paskamers vindt u achteraan
Els emprovadors són al fons de la sala
Los probadores están al fondo de la sala

Hoe staat het? Past het u?
Com és? Li queda bé?
¿Qué tal es? ¿Le queda bien?

Nee, de armen zijn te kort / lang
No, les mànigues són massa curtes / llargues
No, las mangas son demasiado cortas / largas

Deze is te wijd / smal
Aquesta és massa ampla / estreta
Esta es demasiado ancha / estrecha

Hij is te klein / groot
És massa petita / gran
Es demasiado pequeña / grande

Heeft u niet een maat kleiner / groter?
Doni'm un número més petit / gran
Déme un número menor / mayor

Kunt u een maat kleiner / groter laten zien
Ensenyi'm una talla més petita / gran
Enséñeme una talla menor / mayor

De kleur / stof / het model bevalt me niet
No m'agrada el color / la tela / la mostra
No me gusta el color / la tela / la muestra

Van wat voor stof is het gemaakt?
De quina tela està feta?
¿De qué tela está hecha?

Krimpt het niet met wassen?
No s'encongeix en rentar?
¿No se encoge al lavar?

Kan men het in de machine wassen?
Es pot rentar amb màquina?
¿Se puede lavar a máquina?

Verkleurt het niet?
No perd color?
¿No pierde color?

Kreukt het niet?
No s'arruga?
¿No se arruga?

Deze stof kreukt niet, hij hoeft niet gestreken te worden
És una tela que no s'arruga, no cal planxar-la
Es una tela inarrugable, no hay que plancharla

Hij moet chemisch gereinigd worden
Només es pot rentar en sec
Solo se puede lavar en seco

11.10 **Schoenenwinkel, schoenen**
Sabateria, sabates. Calçat
Zapatería, zapatos. Calzado

Ik wil graag een paar leren schoenen
Voldria comprar un parell de sabates de cuiro
Quisiera comprar un par de zapatos de cuero

Welke maat heeft u?
Quin número calça?
¿Qué número calza?

Tweeënveertig
El quaranta-dos
El cuarenta y dos

Welke kleur wilt u?
De quin color les desitja?
¿De qué color los desea?

Zwart of grijs
Negre o gris
Negro o gris

Ze zijn erg in de mode
Estan molt de moda
Están muy de moda

Past u ze?
Li queden bé?
¿Le quedan bien?

Probeert u deze eens
Emprovi's aquestes
Pruébese estos

Hier heeft u de schoenlepel
Aquí té el calçador
Aquí tiene el calzador

Ze knellen
M'estrenyen
Me aprietan

Ze zijn me te groot / klein
Em van massa grans / petits
Me son demasiado grandes / pequeños

Deze zijn een maat kleiner / groter
Aquestes són un número més petit / gran
Estos son de un número menor / mayor

Deze passen me goed
Aquestes ja em van bé
Estos ya me van bien

Ik neem ze
Me les quedo
Me los quedo

11.11 Dienstverleningen, reparaties
Serveis, reparacions
Servicios, reparaciones

Waar vind ik iemand die schoenen / horloges / huish. art. repareert?
On puc trobar una persona que repari sabates / rellotges / electrodomèstics?
¿Dónde puedo encontrar una persona que arregle zapatos / relojes / electrodomésticos?

	Ons koffieapparaat La nostra cafetera *Nuestra cafetera*	**Mijn horloge** El meu rellotge *Mi reloj*
De verwarming La calefacció *La calefacción*	**is stuk** s'ha espatllat *se ha estropeado*	

Het werkt niet
No funciona
No funciona

Kunt u het repareren?
Pot reparar-lo / reparar-la?
¿Puede arreglarlo / arreglarla?

Installeert en repareert u water, gas en elektriciteit?
Fa instal·lacions i reparacions d'aigua, gas i electricitat?
¿Hace instalaciones y reparaciones de agua, gas y electricidad?

Wanneer kunt u komen?
Quan pot venir?
¿Cuándo puede venir?

U kunt niet eerder komen?
No podria venir abans?
¿No podría venir antes?

Geeft u me uw telefoonnummer
Doni'm el seu número de telèfon
Déme su número de teléfono

Hier heeft u mijn kaartje
Aquí té la meva targeta
Aquí tiene mi tarjeta

11.12 Bloemenwinkel. Bloemen
Floristeria. Flors
Floristería. Flores

Hoe heten deze bloemen?
Com es diu aquesta flor?
¿Cómo se llama esta flor?

Geeft u me een bos(je), boeket
Doni'm un ram / pom
Déme un ramo / ramillete

Hoe duur is een bos anjers / rozen?
Quant val un ram de clavells / roses?
¿Cuánto cuesta un ramo de claveles / rosas?

Maakt u, alstublieft
Prepari, sisplau,
Prepare, por favor,

een bruidsboeket
un ram de núvia
un ramo de novia

een grafkrans
una corona de flors
una corona de flores

Stuurt u de bloemen naar dit adres
Tingui la bondat d'enviar les flors a aquesta adreça
Tenga la bondad de enviar las flores a esta dirección

Doet u er dit kaartje bij
Posi-hi aquesta targeta
Ponga esta tarjeta

Heeft u **aarde voor bloemen, planten?**
Teniu terra per a flors?
¿Tienen tierra para flores?

mest?
adob?
abono?

bloempotten?
testos?
macetas?

bloemenzaadjes?
llavors de flors?
semillas de flores?

11.13 Juwelier. Sieraden, bijouterieën
Joieria. Joies, bijuteria
Joyería. Joyas, bisutería

Ik wil graag een sieraad kopen
Voldria comprar alguna joia
Quisiera comprar alguna joya

Kunt u me een gouden horloge laten zien?
Ensenyi'm un rellotge d'or
Enséñeme un reloj de oro

een gouden ketting
una cadena d'or
una cadena de oro

een gouden ring
un anell d'or
un anillo de oro

Ik wil iets eenvoudigers
Voldria una cosa més senzilla
Quisiera algo más sencillo

Deze is te duur
Aquesta és massa cara
Ésta es demasiado cara

Het is zuiver goud
És d'or de llei
Es de oro de ley

Het is zilver
És d'argent
Es de plata

Hij is verguld / verzilverd
És daurat / argentat
Es dorado / plateado

Hoeveel karaat is het?
De quants quirats és?
¿De cuántos quilates es?

We willen graag trouwringen kopen
Voldríem comprar aliances
Quisiéramos comprar alianzas

Ik zoek een ring met een edelsteen
Busco un anell amb alguna pedra preciosa
Busco un anillo con alguna piedra preciosa

11.14 **Souvenirs**. Records. *Recuerdos*

Ik zoek souvenirs van Catalonië / Spanje
Busco records de Catalunya / d'Espanya
Busco recuerdos de Cataluña / de España

Laat u me eens wat ... zien
Ensenyi'm articles
Enséñeme artículos de

keramiek
de ceràmica
cerámica

voorwerpen van leer
de marroquineria
marroquinería

edelsmeedvoorwerpen
d'orfebreria
orfebrería

bijouterieën
de bijuteria
bisutería

zilveren voorwerpen
d'argenteria
platería

Heeft u oude munten?
Té monedes antigues?
¿Tiene monedas antiguas?

Ik wil graag wat handwerk kopen:
Voldria comprar uns objectes d'artesania popular:
Quisiera comprar unos objetos de artesanía popular:

borduurwerken brodats *bordados*	**kant** puntes de coixí *encajes*
castagnettes castanyoles *castañuelas*	**beeldjes** estàtues *estatuas*
een kanten mantilla mantellina de puntes *mantilla de encaje*	
poppetjes van hout figuretes de fusta *figuritas de madera*	**een schilderij** un quadre *un cuadro*

Heeft u platen met Catalaanse / Spaanse volksmuziek?
Té discos de música popular catalana / espanyola?
¿Tiene discos de música popular catalana / española?

Is hier een antiekwinkel in de buurt?
Hi ha per aquí una botiga d'antiguitats?
¿Hay por aquí una tienda de antigüedades?

11.15 Geschenken. Speelgoed
Regals. Joguines
Regalos. Juguetes

Ik wil graag een cadeau voor mijn vrouw / kinderen / man kopen
Voldria comprar algun regal per a la meva dona / al meu marit / als meus fills
Quisiera comprar algún regalo para mi mujer / mi marido / mis hijos

Kijkt u eens naar de artikelen op de toonbank
Miri els articles que hi ha sobre el taulell
Mire los artículos que hay sobre el mostrador

U zult zeker iets vinden dat u bevalt
Segurament trobarà alguna cosa que li agradi
Seguramente encontrará algo que le guste

Ik wil graag wat speelgoed voor een driejarig meisje en voor een vijfjarig jongetje kopen
Voldria comprar algunes joguines per a una nena de tres anys i per a un nen de cinc
Quisiera comprar algunos juguetes para una niña de tres años y para un niño de cinco

Heeft u gezelschapsspelletjes?
Tenen jocs de societat?
¿Tienen juegos de sociedad?

Laat u me een pop en een autootje zien
Mostri'm una nina i un cotxet
Muéstreme una muñeca y un cochecito

Loopt hij op batterijen?
Funciona amb piles?
¿Funciona con pilas?

Geeft u mij een bal en rolschaatsen
Doni'm una pilota i un patí de rodes
Déme una pelota / un balón y un patín de ruedas

Heeft u sportartikelen?
Té articles d'esport?
¿Tiene artículos de deporte?

Heeft u tennisrackets?
Té raquetes de tennis?
¿Tiene raquetas de tenis?

11.16 Kiosk. Boekwinkel
Quiosc. Llibreria
Quiosco. Librería

Is de ochtend- / avondkrant al uit?
Han sortit ja els periòdics del matí / de la tarda?
¿Han salido ya los periódicos de la mañana / de la tarde?

Welke Engelse of Nederlandse kranten heeft u?
Ensenyi'm, sisplau, un diari anglès o holandès
Enséñeme, por favor, un periódico inglés o holandés

Een Catalaanse krant graag
Doni'm un diari en català
Déme un periódico en catalán

Staan er in deze krant kruiswoordpuzzels, een theater- en filmprogramma?
Hi ha en aquest periòdic mots encreuats, cartellera de teatre i de cine?
¿Hay en este periódico crucigramas, cartelera de teatro y de cine?

Waar is hier een boekhandel?
On hi ha per aquí una llibreria?
¿Dónde hay por aquí una librería?

Ik wil graag een Catalaans / Spaans boek kopen
Voldria comprar un llibre en català / espanyol
Quisiera comprar un libro en catalán / español

Heeft u Engelse / Duitse vertalingen van Catalaanse romans?
Teniu novel·les catalanes en traducció anglesa / alemanya?
¿Tienen novelas catalanas en traducción inglesa / alemana?

Welk onderwerp interesseert u?
Quin tema l'interessa?
¿Qué tema le interesa?

Laat u me eens een boek zien over
Ensenyi'm llibres sobre
Enséñeme libros sobre

architectuur
arquitectura
arquitectura

schilderkunst
pintura
pintura

bezienswaardigheden
monuments
monumentos

folklore
folklore
folclore

beeldhouwen
escultura
escultura

de olympiade
l'olimpíada
la olimpíada

Miró en Dalí
Miró i Dalí
Miró y Dalí

Ik wil
Vull
Quiero

een boek over de Catalaanse kunstgeschiedenis
una història de l'art català,
una historia del arte catalán,

een boek over de Catalaanse geschiedenis
un llibre sobre la història de Catalunya,
un libro sobre la historia de Cataluña,

een bloemlezing van de Spaanse literatuur
una antologia de la literatura espanyola
una antología de la literatura española

een Duits - Catalaans woordenboek
un diccionari alemany - català
un diccionario alemán - catalán

Waar vind ik
On trobo
¿Dónde encuentro

kinderverhalen?
rondalles per a nens?
cuentos infantiles?

gidsen?
guies?
guías?

Heeft u geen ander exemplaar?
Podria ensenyar-me un altre exemplar?
¿Podría enseñarme otro ejemplar?

een nieuwere uitgave?
una edició més recent?
una edición más reciente?

Verkoopt u
Veneu
¿Venden

platen?
discos?
discos?

cassettes?
cassettes?
casetes?

partituren?
partitures?
partituras?

tweedehands boeken?
llibres de vell?
libros usados?

leerboeken?
llibres de text?
libros de texto?

11.17 **Tabakszaak.** Estanc. *Estanco*

Een pakje sigaretten graag
Doni'm un paquet de cigarretes
Déme un paquete de cigarrillos

Een doosje lucifers graag
Doni'm una capsa de mistos / llumins
Déme una caja de cerillas

Heeft u benzine voor aanstekers?
Té gasolina per a l'encenedor?
¿Tiene gasolina para el encendedor / mechero?

Heeft u vuursteentjes voor een aansteker?
Té pedres per a l'encenedor?
Tiene piedras para el encendedor / mechero?

Kunt u deze aansteker vullen?
Pot carregar-me aquest encenedor de gas?
¿Puede cargarme este encendedor / mechero de gas?

Laat u me eens wat pijpen zien
Ensenyi'm unes pipes
Enséñeme unas pipas

Geeft u me ansichtkaarten en postzegels
Doni'm postals i segells
Déme postales y sellos

Geeft u me vijfentwintig enveloppen
Doni'm vint-i-cinc sobres
Déme veinticinco sobres

Rookt u?
Vostè fuma?
¿Fuma usted?

Ik rook niet
No fumo
No fumo

Ik rook veel
Fumo molt
Fumo mucho

Heeft u er geen last van als ik rook?
No li molesta si fumo?
¿No le molesta si fumo?

Heeft u geen last van de rook?
No li molesta el fum?
¿No le molesta el humo?

Heeft u vuur?
Té foc?
¿Tiene fuego?

Bedankt voor het vuurtje
Gràcies, pel foc
Gracias, por el fuego

11.18 **Horlogemaker**. Rellotgeria. *Relojería*

Mijn horloge is stil blijven staan
El meu rellotge s'ha aturat
Se me ha parado el reloj

Ik geloof dat hij kapot is
Crec que s'ha espatllat
Creo que se ha estropeado

Mijn horloge loopt drie minuten per dag voor / achter
El meu rellotge va avançat / endarrerit tres minuts per dia
Mi reloj va adelantado / atrasado tres minutos por día

Kijkt u het eens na
Miri'm què té
Mírelo qué tiene

Kunt u het repareren?
Pot reparar-lo?
¿Puede arreglarlo?

Hoeveel gaat de reparatie kosten?
Quant costarà la reparació?
¿Cuánto costará la reparación?

Wanneer kan ik het ophalen?
Quan puc venir a recollir-lo?
¿Cuándo puedo venir a recogerlo?

Het is klaar
Ja està
Ya está

Zet u hem gelijk, alstublieft
Posi'l a l'hora, sisplau
Ponga, por favor, la hora, Póngalo en hora

Geeft u me een (horloge)bandje van leer, van metaal
Doni'm una corretja , -de pell, de metall
Déme una correa , -de cuero, de metal

Doet u er maar een nieuwe batterij in
Canviï-li la pila
Cámbiele la pila

11.19 **Opticiën**. Òptic. Òptica. *Óptico. Óptica*

Mijn bril is stuk
Se m'han trencat les ulleres
Se me han roto las gafas

Het montuur is gebroken
Se m'ha trencat la muntura
Se me ha roto la montura

Kunt u het / hem repareren?
Pot arreglar-la / arreglar-les?
¿Puede arreglarla / arreglarlas?

Ik heb een nieuw montuur nodig
Necessito una muntura nova
Necesito una montura nueva

Geeft u me een brillekoker
Doni'm un estoig d'ulleres
Déme un estuche de gafas

Heeft u zonnebrillen?
Té ulleres de sol?
¿Tiene gafas de sol?

Ik heb een dubbelfocus bril nodig
Necessito vidres bifocals
Necesito cristales bifocales

Heeft u zachte / harde lenzen?
Té lents toves / dures?
¿Tiene lentillas blandas / duras?

Ik ben bijziend
Sóc miop
Soy miope

Ik heb een bril nodig met een sterkte van vijf dioptrie
Necessito vidres de cinc diòptries
Necesito cristales de cinco dioptrias

Laat u mij ... zien
Ensenyi'm
Enséñeme

een microscoop
un microscopi
un microscopi

een barometer
un baròmetre
un barómetro

een kompas
una brúixola / búixola
una brújula

een verrekijker
uns prismàtics / binocles
unos prismáticos

een loep
unes lents d'augment
unos lentes de aumento

een telescoop
un telescopi
un telescopio

11.20 **Fotograaf. Foto.** Fotògraf. Foto. *Fotógrafo. Foto*

Heeft u een ontwikkellaboratorium?
Tenen laboratori fotogràfic?
¿Tienen laboratorio fotográfico?

Ontwikkelt u videofilms?
Tenen laboratori de vídeo?
¿Tienen laboratorio de vídeo?

Maakt u studiofoto's?
Fan fotografies d'estudi?
¿Hacen fotografías de estudio?

Repareert u fotocamera's?
Reparen màquines fotogràfiques?
¿Arreglan máquinas fotográficas?

Ontwikkelt u kleurenfilms?
Revelen fotografies en color?
¿Revelan fotografías en color?

Maakt u vergrotingen?
Fan ampliacions?
¿Hacen ampliaciones?

Ik heb dringend pasfoto's nodig
Necessito urgentment fotos de carnet
Necesito urgentemente fotos de carnet

Waar is hier een pasfotohokje in de buurt?
On hi ha per aquí un fotomaton?
¿Dónde hay por aquí un fotomatón?

Ontwikkelt u deze film, alstublieft
Reveli, sisplau, aquest rodet
Revele, por favor, este rollo

Maakt u twee afdrukken van iedere foto / ieder negatief
Faci dues còpies de cada foto / negatiu
Haga dos copias de cada foto / negativo

Wanneer zijn ze klaar?
Quan el tindrà?
¿Para cuándo lo tendrá?

Geeft u me drie
Doni'm tres rodets de
Déme tres rollos de

kleurenfilmpjes
pel·lícula en color
película en color

zwart-wit filmpjes
pel·lícula en blanc i negre
película en blanco y negro

diafilmpjes (in kleur)
pel·lícula en color per a diapositives
película en color para diapositivas

11.21 Parfumerie. Drogisterij
Perfumeria. Drogueria
Perfumería. Droguería

Heeft u een goed parfum, alstublieft
Ensenyi'm un bon perfum, sisplau
Enséñeme, por favor, un buen perfume

Deze is te zwaar
Aquest és massa fort
Este es demasiado fuerte

Ik zou graag een wat meer discreet parfum willen
Volia un perfum més discret
Quería un perfume más discreto

Het is voor een oudere dame
És per a una senyora gran
Es para una señora mayor

Wat voor eau de cologne heeft u?
Quina colònia té?
¿Qué colonia tiene?

Is dat een merk van hier?
Aquesta és una marca d'aquí?
¿Esta es una marca de aquí?

Geeft u me een nachtcrème voor een droge / vette / gevoelige huid
Doni'm una crema de nit per a cutis sec / gras / fi
Déme una crema de noche para cutis seco / graso / fino

Geeft u me een doosje make-up
Doni'm un maquillatge compacte
Déme un maquillaje compacto

11.22 Kapper. Algemeen
Perruqueria. Generalitats
Peluquería. Generalidades

Waar is hier in de buurt een goede heren- / dames- / kinder- / dames- en herenkapper?
On hi ha aquí una bona perruqueria de senyors / senyores / nens / perruqueria unisex?
¿Dónde hay aquí una buena peluquería de señores / señoras / niños / peluquería unisex?

Kun je me een goede kapper / kapster aanbevelen?
Pots recomanar-me un bon perruquer / una bona perruquera?
¿Puedes recomendarme un buen peluquero / una buena peluquera?

Hier dichtbij zit een uitstekende kapper. Ik ga er zelf ook altijd heen
Prop d'aquí hi ha una perruqueria excel·lent. Jo també acostumo anar-hi
Aquí cerca hay una peluquería excelente. Yo también suelo ir allá

Hallo. Ik ben mevrouw Pronk
Escolti'm. Sóc la senyora Pronk
Oiga. Soy la señora Pronk

Ik wil graag voor morgen een afspraak maken
Voldria demanar una hora per demà
Quisiera pedir una hora para mañana

Goed. Morgenochtend om tien uur
Està bé. Demà a les deu del matí
Está bien. Mañana a las diez de la mañana

Dank u. Tot morgen
Gràcies. Fins demà
Gracias. Hasta mañana

11.23 **Herenkapper**
Perruqueria masculina
Peluquería masculina

Wat wenst meneer?
Què desitja el senyor?
¿Qué desea el señor?

Knippen en scheren
Un tallat de cabells i afaitat
Un corte de pelo y afeitado

Wast u mijn haar
Renti'm els cabells
Láveme el pelo

Scheren, alstublieft
Afaiti'm, sisplau
Aféiteme, por favor

Zal ik uw haar wat bijknippen?
Li tallo una mica els cabells?
¿Le corto un poco el pelo?

Ja, maar niet te kort
Si, però no molt curts, sisplau
Sí, por favor, pero no muy corto

Voor / Achter mag het langer blijven
Al davant / Al darrere pot quedar més llarg
Delante / Detrás puede quedar más largo

Laat u het van achter wat langer
Al darrere deixi'ls més llargs
Detrás déjelo más largo

Aan de zijkanten wat korter
Talli més pels costats
Corte más por los lados

Hoe zal ik uw haar kammen?
Com li pentino els cabells?
¿Cómo le peino el pelo?

Naar achter of opzij?
Cap endarrere o al costat?
¿Hacia atrás o al / de lado?

Naar achter, zonder scheiding
Cap endarrere, sense ratlla
Hacia atrás, sin raya

Wilt u wat lotion in uw haar?
Li poso loció?
¿Le pongo loción?

Maakt u het niet nat
No els mulli
No lo moje

Perfect, dank u wel
Perfecte, gràcies
Perfecto, gracias

Is het goed zo?
Està bé, així?
¿Está bien, así?

Hoeveel krijgt u van me?
Què li dec?
¿Cuánto le debo?

11.24 **Dameskapper**
Perruqueria de senyores
Peluquería de señoras

Waarmee kan ik u van dienst zijn, mevrouw?
Quin servei desitja, senyora?
¿Qué servicio desea, señora?

Wassen en watergolven, alstublieft
Rentar i marcar, sisplau
Lavar y marcar, por favor

Knippen / een permanent / manicure
Un tallat de cabells / una permanent / una manicura
Un corte de pelo / una permanente / una manicura

Ik wil graag een ander kapsel
Voldria un pentinat diferent
Quisiera un peinado diferente

Wilt u haarlak?
Li poso laca?
¿Le pongo laca?

Kunt u mijn haar verven?
Podria tenyir-me els cabells?
¿Podría teñirme em pelo?

Wilt u weer dezelfde kleur?
Desitja el mateix color?
¿Desea el mismo color?

Iets lichter / donkerder
Una mica més clar / fosc
Un poco más claro / oscuro

Au! Het water is erg heet
Ai! L'aigua és molt calenta
¡Ay! El agua está muy caliente

Het water is te koud
L'aigua és massa freda
El agua está demasiado fría

Mijn ogen prikken
Em piquen els ulls
Me pican los ojos

Epileert u ook?
Fan depilació?
¿Hacen depilación?

Epileert u mijn wenkbrauwen
Depili'm les celles
Depíleme las cejas

Wilt u een manicure?
Desitja manicura?
¿Desea manicura?

Ja, en lakt u ook mijn nagels
Sí, i posi esmalt també
Sí, y ponga esmalte también

Dank u wel, hoeveel is het bij elkaar?
Gràcies, quant li dec per tot?
Gracias, ¿cuánto le debo por todo?

Kunt u me een goede pedicure aanbevelen?
Pot recomanar-me un bon callista?
¿Puede recomendarme un buen callista?

11.25 Geld wisselen. Bank
Canvi de diner. Banc
Cambio de dinero. Banco

Waar is hier een bank in de buurt?
On hi ha per aquí un banc?
¿Dónde hay por aquí un banco?

Een bankfiliaal?
Una sucursal de banc?
Una sucursal de banco?

Waar kan ik geld wisselen?
On puc canviar , -diner?
¿Dónde puedo cambiar , -dinero?

Gaat u naar de kassa, loket drie
Passi a caixa, a la finestreta número tres
Pase a caja, a la ventanilla número tres

Ik wil graag honderd dollars in peseta's wisselen
Voldria canviar cent dólars a pessetes
Quisiera cambiar cien dólares a pesetas

Kunt u vijfduizend peseta's in Zwitserse franken wisselen?
Podria canviar-me cinc mil pessetes en francs suïssos?
¿Podría cambiarme cinco mil pesetas en francos suizos?

Hoeveel peseta's krijg ik voor een Engelse pond?
Quantes pessetes em donen per una lliura esterlina?
¿Cuántas pesetas me dan por una libra esterlina?

Wat is de koers van de Amerikaanse dollar, de Nederlandse gulden, Franse franc?
Com és el canvi del dòlar EUA, florin holandès, franc francès?
¿Cómo es el cambio del dólar USA, florín holandés, franco francés?

Kunt u dit tienduizend peseta biljet voor mij wisselen?
Podria canviar-me aquest bitllet de deu mil pessetes?
¿Podría cambiarme este billete de diez mil pesetas?

Geeft u me kleine biljetten, alstublieft
Doni'm bitllets petits, sisplau
Déme billetes pequeños, por favor

Geeft u me ook kleingeld
Doni'm també canvi / moneda fraccionària
Déme también suelto / moneda fraccionaria

Ik wil graag deze reischeque inwisselen
Voldria cobrar / canviar aquest xec de viatge
Quisiera cobrar / cambiar este cheque de viaje

Ik wil graag een cheque aan toonder inwisselen
Voldria cobrar un xec al portador
Quisiera cobrar un cheque al portador

Is er geld voor mij aangekomen, is er een overschrijving gedaan?
Ha arribat diner, una transferència per a mi?
¿Ha llegado dinero, una transferencia para mí?

Op welke naam?
A nom de qui?
¿A nombre de quién?

Uw paspoort, een legitimatiebewijs, alstublieft
El seu passaport, els seus documents, sisplau
Su pasaporte, sus documentos, por favor

Zet hier uw handtekening
Firmi / signi aquí
Firme aquí

11.26 Post. Algemeen
Correus. Generalitats
Correos. Generalidades

Waar is het dichtsbijzijnde postkantoor?
On hi ha per aquí una oficina de correus?
¿Dónde hay por aquí un oficina de correos?

Hoe kom ik op het hoofdpostkantoor?
Com puc anar a la central de correus?
¿Cómo puedo ir a la central de correos?

Is hier een brievenbus in de buurt?
Hi ha a la vora d'aquí una bústia?
¿Hay cerca de aquí un buzón?

Waar kan ik ... kopen?
On puc comprar?
¿Dónde puedo comprar?

postzegels
segells
sellos

enveloppen
sobres
sobres

ansichtkaarten
postals
postals

briefpapier
paper de cartes
papel de carta

Die kunt u ook in de estanco krijgen
En pot trobar també a l'estanc
Los puede encontrar también en el estanco

Is de post al geweest / Is er al een buslichting geweest?
Han recollit ja les cartes?
¿Han recogido ya las cartas?

Is er post voor mij?
Tinc correspondència?
¿Tengo correspondencia?

Ja, er is een brief voor u
Sí, té una carta
Sí, tiene una carta

Stuurt u mijn post na, naar dit adres alstublieft
Remeteu, sisplau, la meva correspondència a aquesta adreça
Remitan, por favor, mi correspondencia a esta dirección

11.27 **Op het postkantoor**
A correus. A l'oficina de correus
En correos. En la oficina de correos

Pardon, waar verkoopt men postzegels?
Perdoni, on venen segells?
Perdone, ¿dónde venden sellos?

Bij loket vijf
A la finestreta número cinc
En la ventanilla número cinco

Ik wil graag... naar Frankrijk sturen
Voldria enviar a França
Quisiera enviar a Francia

een aangetekende brief
una carta certificada
una carta certificada

een pakje
un paquet
un paquete

geld
diners
dinero

een telegram
un telegrama
un telegrama

een telex
un tèlex
un télex

een fax
un telefax / fax
un telefax / fax

Geeft u me een formulier om iets aagetekend te versturen, alstublieft
Doni'm, sisplau, un imprès per a correu certificat
Déme, por favor, un impreso para correo certificado

Hoeveel moet er op deze brieven naar Nederland als ik ze ... wil versturen?
Quant costa el franqueig per a Holandia d'aquestes cartes per correu?
¿Cuánto cuesta el franqueo para Holanda de estas cartas por correo?

per luchtpost
aeri
aéreo

normaal
normal
normal

aangetekend
certificat
certificado

aangetekend per express?
urgent certificat?
urgente certificado?

Schrijft u er de afzender op, alstublieft
Posi el remitent, sisplau
Ponga, por favor, el remitente

Het adres klopt niet
L'adreça no és exacta
La dirección no es exacta

De postcode ontbreekt
Manca el codi postal
Falta el código postal

Kunt u kijken of er brieven poste restante voor mij zijn?
Mireu, sisplau, si tinc cartes a la llista de correus
Mire, por favor, si tengo cartas en la lista de correos

Ik heb bericht gekregen dat er een pakje voor mij gekomen is
He rebut un avís d'un paquet
He recibido un aviso de un paquete

Welk identiteitsbewijs heb ik nodig om het af te halen?
Quin document necessito per a retirar-lo / recollir-lo?
¿Qué documento necesito para retirarlo / recogerlo?

Ik heb mijn paspoort niet bij me
No porto el meu passaport
No llevo mi pasaporte

Ik wil graag ... sturen
Voldria enviar
Quisiera enviar

een telegram
un telegrama
un telegrama

een telex naar Nederland
un tèlex a Holanda
un télex a Holanda

Welk formulier moet ik invullen?
Quin imprès he d'omplir?
¿Qué impreso tengo que rellenar?

Hoeveel kost het per woord?
Quant costa una paraula?
¿Cuánto cuesta una palabra?

Wanneer zal het in Amsterdam aankomen?
Quan arribarà a Amsterdam?
¿Cuándo llegará a Amsterdam?

Ontvangen ze het vandaag nog?
El rebran avui?
¿Lo recibirán hoy?

11.28 **Telefoon.** Telèfon. *Teléfono.*

Hoe kan ik vanuit mijn kamer telefoneren?
Com puc trucar des de la meva habitació?
¿Cómo puedo llamar desde mi habitación?

Om met een andere kamer te bellen, moet u het nummer van de betreffende kamer draaien
Per comunicar entre habitacions marqui el número de l'habitació que desitja
Para comunicar entre habitaciones marque el número de la habitación deseada

De belangrijkste telefoonnummers - buitenlijnen, receptie, de precieze tijd, informatie - vindt u op een lijst in uw kamer
Els més importants números de telèfon -línia exterior / directa, recepció, hora exacta, informació - els trobarà indicats a la seva habitació
Los más importantes números de teléfono -línea exterior / directa, recepción, hora exacta, información - los encontrará indicados en su habitación

Hier heeft u het telefoonboek
Aquí té les guies telefòniques
Aquí tiene las guías telefónicas

Waar is een openbare telefoon / een telefooncel?
On hi ha un telèfon públic / una cabina telefònica?
¿Dónde hay un teléfono público / una cabina telefónica?

Ik wil naar het buitenland / naar Nederland bellen
Voldria fer una telefonada a l'estranger / a Holanda
Quisiera hacer una llamada al extranjero / a Holanda

Hoeveel kost een minuut bellen naar Nederland?
Quant val un minut amb Holanda?
¿Cuánto cuesta un minuto con Holanda?

Vanaf hoe laat geldt het nachttarief?
Des de quina hora hi ha tarifa nocturna?
¿A partir de qué hora hay tarifa nocturna?

Een collect call, alstublieft
Una telefonada amb cobrament revertit, sisplau
Por favor, una conferencia a cobro revertido

Dit is het nummer van de persoon met wie ik wil spreken
Aquest és el número de la persona amb qui vull parlar
Este es el número de la persona con quien quiero hablar

Er wordt niet opgenomen
No contesten
No contestan

In gesprek
Està comunicant
Está comunicando

De lijn is bezet
La línia està ocupada
La línea está ocupada

De lijn is verbroken
S'ha interromput la telefonada
Se ha interrumpido la conferencia / llamada

Probeert u later nog eens te bellen, alstublieft
Truqui-li més tard, sisplau
Vuelva a llamarlo más tarde, por favor

Annuleert u dit gesprek, alstublieft
Anul·li, sisplau, la telefonada
Anule, por favor, la llamada / conferencia

11.29 **Telefoneren** Telefonada. *Llamada telefónica*

Hallo!
Escolti'm
¡Oigame!

Hallo! (bij het opnemen van de telefoon)
Digui'm
¡Dígame!

Ben jij het, Maria?
Ets tu, Maria?
¿Eres tú, María?

Ja, ik ben het
Sí, sóc jo
Sí, soy yo

Is Hans daar?
Hi és, en Hans?
¿Está Hans?

Sorry, maar ik denk dat u verkeerd verbonden bent
Perdoni, però em sembla que s'equivoca
Perdone, pero me parece que se equivoca

Spreek ik met meneer Ribot?
És la casa del senyor Ribot?
¿Es la casa del señor Ribot?

Nee, u heeft zich vergist
No. S'ha equivocat
No, se ha equivocado

U heeft fout gedraaid
Ha marcat malament
Ha marcado mal

Sorry, ik heb me vergist
Perdoni, m'he equivocat
Perdone, me he equivocado

Dank u wel
Gràcies
Gracias

Hallo, is dit de universiteit?
Escolti'm, és la universitat?
Oiga, ¿es la universidad?

Toestel honderdentwintig, alstublieft
L'extensió cent vint, sisplau
La extensión ciento veinte, por favor

Een moment, alstublieft
Esperi, sisplau
Espere, por favor

Ik wil graag de heer Ribot spreken
Voldria parlar amb el senyor Ribot
Quisiera hablar con el señor Ribot

Met wie kan ik zeggen?
De part de qui?
¿De parte de quién?

met een vriend
D'un amic
De un amigo

Een moment, blijft u aan de telefoon
Un moment, no pengi
Un momento, no cuelgue

Hij / zij komt er zo aan. Ik zal u hem / haar geven.
Ara s'hi posa. Ara li passo
En seguida se pone. Ahora se lo paso

Hij / zij is in gesprek op een andere lijn
Està parlant per un altre telèfon
Está hablando por otro teléfono

Hij / zij zit niet op zijn plek
Ha sortit del seu despatx
Ha salido de su despacho

Belt u over tien minuten nog eens terug
Truqui-li de nou al cap de deu minuts
Llámelo de nuevo dentro de diez minutos

Hij is er nu niet. Belt u later nog eens terug
Ara no hi és. Truqui-li més tard
Ahora no está. Llámele más tarde

Pardon, met wie spreek ik?
Perdoni, amb qui parlo?
Perdone, ¿con quién hablo?

Uw naam, alstublieft
El seu nom, sisplau
Su nombre, por favor

Spreekt u alstublieft wat
Tingui la bondat de parlar
Tenga la bondad de hablar

harder
més alt
más alto

langzamer
més lentament
más despacio

Wilt u een boodschap achterlaten?
Vol deixar-li un encàrrec?
¿Quiere dejarle un recado?

De verbinding is erg slecht
Se sent molt malament
Se oye escucha muy mal

Zegt u hem / haar dat er een Nederlandse vriend gebeld heeft
Digui-li que ha trucat un amic holandès
Dígale que ha llamado un amigo holandés

Op welk nummer bent u bereikbaar?
A quin número pot trucar-li?
¿A qué número puede llamarle?

Bel me op nummer 321 54 76
Truqui'm al número 321 54 76
Llámeme al número 321 54 76

11.30 **Buitenlandse, binnenlandse gesprekken,**
Telefonades interurbanes, nacionals
Llamadas interurbanas, nacionals

Als u binnen de provincie wilt bellen kunt u direct het abonneenummer draaien (hoeft u geen kengetal te draaien)
Si el telèfon amb què vol parlar és de la mateixa província, pot marcar el número directament
Si el teléfono con el que quiere hablar es de la misma provincia, puede marcar el número directamente

Als u naar een andere provincie belt, draai dan eerst het kengetal
Si és d'una altra província marqui primer l'indicatiu / el codi territorial
Si es de otra provincia, marque primero el indicativo / el código territorial

Automatisch bellen naar het buitenland
Telefonades internacionals automàtiques
Llamadas internacionales automáticas

Voorbeeld: abonnee 26 27 61 in Amsterdam
Exemple: abonat 26 27 61 de Amsterdam
Ejemplo: abonado 26 27 61 de Amsterdam

07 internationaal nummer
07 accés al servei internacional
07 acceso a la red internacional

Wachten op de kiestoon
Esperar el segon to
Esperar el segundo tono

31 landnummer van Nederland
31 indicatiu de Holanda
31 indicativo de AHolanda

20 kengetal van Amsterdam
20 indicatiu de Amsterdam
20 indicativo de Amsterdam

26 27 61 abonneenummer
26 27 61 número de l'abonat
26 27 61 número del abonado

12 GEZONDHEID. SALUT. *SALUD*

12.1 Apotheek. Farmàcia. *Farmacia*

Waar is hier een
On hi ha aquí una
¿Dónde hay aquí una

apotheek?
farmàcia?
farmacia?

dienstdoende apotheek? (voor avond en weekeinde)
farmàcia de guàrdia?
farmacia de guardia?

Alstublieft, geeft u me iets tegen
Doni'm, sisplau, una cosa contra
Por favor, déme algo contra

slapeloosheid
l'insomni
el insomnio

hoofdpijn
el mal de cap
el dolor de cabeza

kiespijn
el mal de queixal
el dolor de muelas

diarree
la diarrea
la diarrea

verkoudheid
el refredat
el resfriado

constipatie
el constipat
el constipado

misselijkheid
el mareig
el mareo

Geeft u me een hoestdrank
Doni'm algun xarop contra la tos
Déme algún jarabe contra la tos

Geeft u me een	**slaapmiddel**
Doni'm algun	somnífer
Déme algún	*somnífero*
	kalmeringsmiddel
	calmant / antineuràlgic
	calmante / antineurálgico
	kalmeringsmiddel / slaapmiddel
	calmant / sedant
	calmante / sedante
	desinfecterend middel
	desinfectant
	desinfectante
	laxeermiddel
	laxant
	laxante
	koortsverlagend middel
	antipirètic
	antipirético

Kunt u me een ... zalf aanbevelen?
Pot aconsellar-me una pomada?
¿Puede aconsejarme una pomada?

	brand
	per a les cremades
	para las quemaduras
	tegen verbranding door de zon
	per a les cremades de sol
	para las quemaduras de sol

Heeft u	**tandpasta?**	**condooms?**
Teniu	dentrifici?	preservatius?
Tienen	*dentrífico?*	*preservativos?*

Geeft u me, alstublieft
Doni'm, si us plau,
Déme, por favor,

een buisje aspirine met vitamine C
una capsa d'aspirina amb vitamina C
una cajita de aspirina con vitamina C

een pak watten
un paquet de cotó
un paquete de algodón

een fles / flesje gedestilleerd water
una ampolla / ampolleta d'aigua destil·lada
una botella / un frasco de agua destilada

een rol gaas
un rotlle de gasa
un rollo de gasa

een tube zalf
un tub de pomada
un tubo de pomada

een thermometer
un termòmetre
un termómetro

Voor dit medicijn heeft u een recept nodig
Es necessita recepta per a aquest medicament
Se necesita receta para este medicamento

Het is een antibiotica
És un antibiòtic
Es un antibiótico

Kunt u dit recept voor me klaarmaken?
Pot preparar-me aquesta recepta?
¿Puede prepararme esta receta?

Wanneer is het klaar?
Quan estarà llesta?
¿Cuándo estará lista?

Kan ik erop wachten?
Puc esperar-la aquí?
¿Puedo esperarla aquí?

Men moet het driemaal daags voor / na het eten innemen
Cal prendre-la tres vegades al dia abans / després dels àpats
Hay que tomarla tres veces al día antes / después de las comidas

Nuchter
En dejú
En ayunas

Niet kauwen
Sense mastegar
Sin masticar

In de mond laten smelten
Deixar dissoldre a la boca
Dejar disolver en la boca

Om in te nemen / uitwendig
Per a ús intern / extern
Para uso interno / externo

Schudden voor gebruik
Agitar abans d'usar
Agitar antes de usar

Oplossen in water
Dissoldre en aigua
Disolver en agua

Vergif
Metzina
Veneno

12.2 **Tandarts**. Dentista. *Dentista*

Ik heb kiespijn
Em fan mal les dents
Me duelen los dientes / las muelas

Ik heb verschrikkelijke kiespijn
Tinc un terrible mal de queixal
Tengo un terrible dolor de muelas

Ik moet naar de tandarts
He d'anar a veure un dentista
Tengo que ir a ver a un dentista

Waar is hier een tandarts in de buurt?
On trobo un dentista prop d'aquí?
¿Dónde puedo encontrar un dentista en la cercanía?

Open uw mond
Obri la boca
Abra la boca

Doet u hem wijd open
Obri-la bé
Abrala bien

Waar doet het zeer, onder/ boven?
On li fa mal, a baix / a dalt?
¿Dónde le duele, abajo / arriba?

Welke kies doet pijn?
Quina de les dents li fa mal?
¿Cuál de los dientes le duele?

Deze tand / kies doet pijn
Em fa mal aquesta dent / aquest queixal
Me duele este diente / esta muela

Hij is erg gevoelig voor kou
És molt sensible al fred
Es muy sensible al frío

Hij zit los
Es mou
Se mueve

De vulling is eruit gevallen
Li ha caigut l'empastament
Se le ha caído el empaste

Er is een stuk afgebroken
Se li ha trencat un tros
Se le ha roto un trozo

Moet hij getrokken worden?
Cal treure-la / arrencar-la / extraer-la?
¿Hay que sacarlo / arrancarlo / extraerlo?

Trekt u hem niet!
No me l'extregui!
¡No me lo extraiga!

Kunt u hem (provisorisch) vullen?
Pot empastar-la / obturar-la , -provisionalment?
¿Puede empastarlo , -provisionalmente?

Ik zal een röntgenfoto moeten maken
He de fer-li una radiografia
Tengo que hacerle una radiografía

U heeft niets bijzonders
No té res d'especial
No tiene nada especial

Het zal geen pijn doen
No li farà mal
No le va a doler

Ik geef u een verdoving
Li posaré una injecció anestèsica
Voy a ponerle un inyección anestésica

Mijn kunstgebit is stuk
S'ha trencat la meva pròtesi
Se me ha roto la prótesis

Waar kan ik hem laten repareren?
On la repararan?
¿Dónde la arreglan / reparan?

Moet ik nog een keer terugkomen?
He de tornar un altre dia?
¿Tengo que volver otro día?

Alleen als u opnieuw kiespijn krijgt
Només si li fa mal de nou la dent
Solo si le duele de nuevo el diente

12.3 Bij de dokter
Al consultori mèdic
En el consultorio médico

Ik voel me erg slecht
Em troba molt malament
Me siento muy mal

Het gaat erg slecht met hem
Es troba molt malament
Se encuentra muy mal

Ik ben ziek
Estic malalt , -a
Estoy enfermo , -a

Mijn dochter heeft koorts
La meva filla té febre
Mi hija tiene fiebre

Helpt u me alstublieft, mijn man voelt zich erg naar
Ajudi'm, sisplau, el meu marit es troba molt malament
Ayúdeme, por favor, mi marido se encuentra muy mal

Ik geloof dat u iets zeer ernstigs heeft
Crec que té alguna cosa molt greu
Creo que tiene algo muy grave

Roept u alstublieft een dokter
Cridi un metge, sisplau
Llame a un médico, por favor

Hij / zig u zou naar een dokter moeten gaan
Hauria d'anar a veure un metge
Tendría que ir a ver a un médico

Waar vind ik hier ...
On hi ha per aquí
¿Dónde hay por aquí

een dokterspraktijk?
un consultori mèdic?
un consultorio médico?

een ziekenhuis?
hospital?
hospital?

eerstehulpdienst?
lloc de primers auxilis?
puesto de primeros auxilios?

Is er een dokter in het hotel?
Hi ha un metge a l'hotel?
¿Hay un médico en el hotel?

Hoe laat heeft de dokter spreekuur?
A quina hora té consulta el metge?
¿A qué hora tiene consulta el médico?

Maakt u voor vanmiddag een afspraak voor me
Demani'm una hora per aquesta tarda
Pídame una hora para esta tarde

Belt u om een ziekenwagen
Avisi l'ambulància, sisplau
Avise, por favor, a la ambulancia

Wat heeft u?
Què té?
¿Qué tiene?

Waar heeft u pijn?
Què li fa mal?
¿Qué le duele?

Sinds een paar dagen voel ik me niet goed
Des de fa uns dies no em trobo bé
Desde hace unos días no me encuentro bien

Hier heb ik pijn
Em fa mal aquí
Me duele aquí

Ik heb ... pijn ...
Em fa mal
Me duele

hoofd-
el cap
la cabeza

maag-
l'estómac
el estómago

keel-
la gola
la garganta

in mijn linkervoet
el peu esquerre
el pie izquierdo

in mijn rechterarm
el braç dret
el brazo derecho

Mijn ogen / oren doen pijn
Em fan mal els ulls / les orelles
Me duelen los ojos / los oídos

Ik heb zware pijn
Tinc dolors forts
Tengo dolores fuertes

Ik kan 's nachts niet slapen
No puc dormir a les nits
No puedo dormir por las noches

Ik raak snel vermoeid
Em canso fàcilment
Me canso fácilmente

Ik transpireer veel
Suo molt
Sudo mucho

Ik ben erg nerveus
Estic molt nerviós
Estoy muy nervioso

Ik hoest erg
Tusso molt
Toso mucho

Ik heb een bedorven maag
Tinc una indigestió
Tengo una indigestión

Ik ben misselijk
Tinc nàusees
Tengo náuseas

Ik heb overgegeven
He vomitat
He vormitado

Ik heb diarree
Tinc diarrea
Tengo diarrea

Ik ben verkouden
Estic constipat
Estoy constipado

Ik heb koorts
Tinc febre
Tengo fiebre

Ik heb geen trek, honger
No tinc gana
No tengo apetito

Ik heb rillingen
Tinc calfreds
Tengo escalofríos

Ik ben onpasselijk
Em marejo
Me mareo

Ik heb verstopping
Tinc estrenyiment
Tengo estreñimiento

Ik ben zwanger. Ik verwacht een kind
Estic prenyada. Espero un nen
Estoy embarazada. Espero un niño

Ik ben lang in de zon geweest
He estat molt de temps al sol
He estado mucho tiempo al sol

Ik ben erg verbrand
M'he cremat molt
Me he quemado mucho

Het is mogelijk dat u een zonnesteek heeft opgelopen
És possible que tingui una insolació
Es posible que tenga una insolación

Het eten is niet goed gevallen
M'ha fet mal el menjar
Me ha hecho daño la comida

Ik ben gevallen
He caigut
Me he caído

Ik heb mijn voet verstuikt
M'he torçat el peu
Me he dislocada el pie

Ik heb me zwaar gestoten
M'he donat un cop fort
Me he dado un golpe fuerte

Ik ben bang dat ik mijn arm gebroken heb
Tinc por que m'hagi trencat el braç
Temo que me haya roto el brazo

Ik ben op een zeeëgel gestapt
He trepitjat un eriçó de mar
He pisado un erizo de mar

Heeft u koorts?
Té febre?
¿Tiene fiebre?

Vanochtend had ik achtendertig vijf
Al matí tenia trenta vuit coma cinc
Por la mañana tenía treinta y ocho coma cinco

We zullen u opnieuw thermometeren
Ara mateix la hi prendrem de nou
Ahora mismo vamos a medírsela de nuevo

Neemt u de thermometer
Posi's el termòmetre
Póngase el termómetro

U heeft nog steeds hoge koorts
Continua tenint febre alta
Continúa teniendo fiebre alta

U heeft nu geen koorts
Ara no té febre
Ahora no tiene fiebre

Zal ik u onderzoeken?
Li faig una visita / un reconeixement?
¿Le hago una visita / un reconocimiento?

Waar heeft u pijn?
On li fa mal?
¿Dónde le duele?

Ontkleedt u zich
Tregui's la roba
Quítese la ropa

Ademt u diep uit
Expiri fort
Espire fuerte

Adem dieper in
Respiri més profundament
Respire más profundamente

Steek uw tong eens uit
Tregui la llengua
Saque la lengua

Hoest u eens
Tussi
Tosa

Houdt uw adem in
Aguanti's la respiració
Contenga la respiración

Zo is het genoeg
Prou
Basta

We zullen de pols eens voelen
Vejam el pols
Veamos el pulso

Ik ga uw bloeddruk meten
Li prendré la pressió
Voy a tomarle la presión

U moet uw .... laten onderzoeken
S'ha de fer una anàlisi
Tiene que hacer un análisis

bloed
de sang
de sangre

urine
d'orina
de orina

De laboratoria zijn op de eerste verdieping
Els laboratoris són al primer pis
Los laboratorios se encuentran en el primer piso

Er moet een röntgenfoto van uw arm gemaakt worden
Cal fer una radiografia del seu braç
Hay que hacer una radiografía de su brazo

Sinds wanneer voelt u zich niet goed?
Des de quan no es troba bé?
¿Desde cuándo no se encuentra bien?

Wat heeft u gegeten?
Què ha menjat?
¿Qué ha comido?

Gebruikt u een of ander medicijn?
Pren algun medicament?
¿Toma algún medicamento?

Bent u niet allergisch voor peniciline?
No és al·lèrgic a la penicil·lina?
¿No es alérgico a la penicilina?

Heeft u een allergie voor iets ?
Té alguna al·lèrgia?
¿Tiene alguna alergia?

Bent u ingeënt tegen tetanus?
Li han posat ja l'antitetànica?
¿Le pusieron ya la antitetánica?

Heeft u al eens eerder een inenting gehad?
Ha estat vacunat abans de venir aquí?
¿Ha sido vacunado antes de venir aquí?

Waar tegen?
Contra què?
¿Contra qué?

Rookt u?
Fuma?
¿Fuma?

Heeft u een chronische / ernstige ziekte?
Té alguna malaltia crònica / greu?
¿Tiene alguna enfermedad crónica / grave?

U bent geen diabeticus?
No és diabètic?
¿No es diabético?

Wanneer bent u geopereerd?
Quan el van operar?
¿Cuándo le operaron?

Vanaf wanneer heeft u een pacemaker?
Des de quan porta marcapassos?
¿Desde cuándo lleva marcapasos?

Maakt u zich geen zorgen. U heeft niets ernstigs
No es preocupi. No té res de greu
No se preocupe. No tiene nada grave

Het spijt me, maar u heeft een longontsteking
Ho sento, pero té una pulmonia
Lo lamento, pero tiene una pulmonía

U heeft een blindedarmontsteking
Té una apendicitis
Tiene una apendicitis

U moet naar het ziekenhuis
He d'hospitalitzar-lo
Tengo que hospitalizarlo

U moet geopereerd worden
Cal sotmetre'l a una operació
Hay que someterle a una operación

Ik zal u een injectie geven
Li posaré una injecció
Voy a ponerle una inyección

Ik zal u een heel effectief medicijn voorschrijven
Li receptaré un medicament molt eficaç
Voy a recetarle un medicamento muy eficaz

Hier heeft u het recept
Aquí té la recepta
Aquí tiene la receta

U heeft absolute rust nodig
Necessita repòs absolut
Necesita reposo absoluto

U moet een dieet volgen
Ha de fer dieta
Tiene que guardar dieta

U moet een paar dagen in bed blijven
Ha de fer llit uns dies
Tiene que guardar cama unos días

U moet uitrusten
Ha de descansar
Tiene que descansar

U moet niet roken
No fumi
No fume

Drinkt u geen alcohol
No prengui begudes alcohòliques
No tome bebidas alcohólicas

Ga niet in de zon
No prengui el sol
No tome el sol

Ga niet zwemmen
No es banyi
No se bañe

Komt u over ... terug
Torni d'aquí a
Vuelva de aquí a

drie dagen
tres dies
tres días

een week / twee weken (veertien dagen)
vuit / quinze dies
ocho / quince días

Heeft u een verzekering?
Té assegurança?
¿Tiene seguro?

Ik ben niet verzekerd
No estic assegurat , -ada
No estoy asegurado , -a

Ik heb een Nederlandse / internationale verzekering
Tinc una assegurança de salut holandesa / internacional
Tengo un seguro de salud holandesa / internacional

Het spijt me, maar die kan ik niet accepteren
Em sap greu, però no puc acceptar aquesta
Lo lamento, pero no puedo aceptarlo

Hoeveel ben ik u schuldig?
Quant li dec?
¿Cuánto le debo?

13. **SPORT**. ESPORT. *DEPORTE*

13.1 **Sport. Algemeen**
Esport. Generalitats
Deporte. Generalidades

Bent u sportman / sportvrouw?
Vostè és esportista?
¿Usted es deportista?

Wat voor sport beoefent u?
Quin esport practica?
¿Qué deporte practica?

Wat voor sport beoefen je?
Quin esport practiques?
¿Qué deporte practicas?

Ik ben bokser
Sóc boxador
Soy boxeador

In mijn jeugd heb ik aan atletiek gedaan
A la meva joventut practicava l'atletisme
En mi juventud practicaba el atletismo

Wat is uw lievelingssport?
Quin és el seu esport favorit?
¿Cuál es su deporte favorito?

Wat is uw favoriete sportvrouw?
Quina és la seva esportista favorita?
¿Cuál es su deportista favorita?

Wanneer zendt de televisie de zwemwedstrijden uit?
Quan transmet la televisió les proves de natació?
¿Cuándo transmite la televisión las pruebas de natación?

Zijn de individuele wedstrijden al afgelopen?
Han acabat ja les proves individuals?
¿Han acabado ya las pruebas individuales?

Zijn de teamwedstrijden al begonnen?
Han començat ja les competicions per equips?
¿Han comenzado ya las competiciones por equipos?

Wanneer beginnen de finales?
Quan comencen les finals?
¿Cuándo comienzan las finales?

Wanneer eindigt de wedstrijd?
Quan acaba el partit?
¿Cuándo acaba el partido?

Het is een heel spannende wedstrijd
És un partit molt interessant
Es un partido muy interesante

Op welke plaats is het Nederlandse / Spaanse team geëindigd?
En quin lloc ha quedat l'equip holandes / espanyol?
¿En qué lugar ha finalizado el equipo holandes / español?

Wie is eerste / tweede / derde?
Qui és el primer / segon / tercer?
¿Quién es el primero / segundo / tercero?

Wie heeft de gouden medaille gewonnen?
Qui ha guanyat la medalla d'or?
¿Quién ganó la medalla de oro?

Hebben we verloren / gewonnen?
Hem perdut / guanyat?
¿Hemos perdido / ganado?

Wat is de eindstand?
Quin és el resultat final?
¿Cuál es el resultado final?

Wie ligt voor?
Qui guanya?
¿Quién gana?

Wie heeft gewonnen?
Qui ha guanyat?
¿Quién ha ganado?

Wat was de stand na de eerste helft?
Quin ha estat el resultat del primer temps?
¿Cuál ha sido el resultado del primer tiempo?

Nul - nul
Empat a zero
Empate a cero

Ze hebben gelijk gespeeld
Han empatat
Han empatado

Het Spaanse team heeft met twee - een gewonnen
L'equip espanyol ha guanyat per dos a u
El equipo español ha ganado por dos a uno

Ze hebben met twee - nul verloren
Ha perdut per dos a zero
Ha perdido por dos a cero

Dat is een nieuw olympisch record
Això és nou rècord olímpic
Esto es nuevo récord olímpico

Hij / zij heeft een nieuw Europees record gevestigd
Ha establert un nou rècord d'Europa
Ha establecido un nuevo récord de Europa

Hij / zij heeft het record op de 1500 meter geëvenaard / verbeterd
Ha igualat / millorat el rècord mundial dels mil cinc-cents metres
Ha igualado / mejorado la plusmarca mundial de los mil quinientos metros

Hij / zij heeft het wereldrecord gebroken
Ha batut el rècord mundial
Ha batido el récord mundial

13.2 **Olympiade.** Olimpíada. *Olimpiada*

Ik ben lid van de Nederlandse delegatie
Sóc membre de la delegació holandesa
Soy miembro de la delegación holandesa

Ik ben sportman / sportvrouw / journalist, -e uit Nederland
Sóc esportista / periodista / holandès / holandesa
Soy deportista / periodista / holandés / holandesa

Pardon, maar waar is het perscentrum?
Perdoni, on és el centre de premsa?
Perdone, ¿dónde está el centro de prensa?

Waar vindt de persconferentie plaats?
On tindrà lloc la confèrencia de premsa?
¿Dónde tendrá lugar la conferencia / rueda de prensa?

Kan men nog toegangskaartjes krijgen
Es poden aconseguir encara entrades
¿Se puede conseguir todavía entradas

voor de openingsceremonie?
per a la inauguració?
para la inauguración?

voor de slotmanifestatie?
per a la clausura?
para la clausura?

Ik ga de openingsceremonie op de televisie kijken
Jo miraré per la televisió la cerimònia inaugural
Yo veré / miraré la ceremonia inaugural en la televisión

Is het olympisch dorp ver?
La vila olímpica és / queda lluny?
¿La villa olímpica está / queda lejos?

Hoe komt men bij het olympisch stadion?
Com anar a l'estadi olímpic?
¿Cómo ir al estadio olímpico?

Kunt het mij op de kaart aanwijzen, alstublieft
Mostri-m'ho al mapa, sisplau
Muéstremelo en el mapa, por favor

Waar is de schietbaan, het zwembad?
On és el camp de tir, la piscina?
¿Donde está el campo de tiro, la piscina?

Waar vinden de kanowedstrijden plaats?
On tindran lloc les proves de piragüisme?
¿Dónde tendrán lugar las pruebas de piragüismo?

Waar speelt het Spaanse team?
On juga l'equip espanyol?
¿Dónde juega el equipo español?

Wie spelen er in het Spaanse team?
Qui juga a l'equip espanyol?
¿Quiénes juegan en el equipo español?

Wie is de trainer van het team?
Qui és l'entrenador de l'equip?
¿Quién es el entrenador del equipo?

Ons team, onze selectie staat op de eerste plaats
El nostre equip, la nostra selecció ocupa el primer lloc
Nuestro equipo, nuestra selección ocupa el primer lugar

Onze beste speler, onze favoriet
El nostre millor jugador, el nostre favorit
Nuestro mejor jugador, nuestro favorito

is geblesseerd
està lesionat
está lesionado

is in goede vorm
està en forma
está en forma

is niet in vorm
no està en buena forma
no está en buena forma

13.3 Sporten van de olympische zomerspelen
Esports olímpics d'estiu
Deportes olímpicos de verano

Atletiek
Atletisme
Atletismo

Badminton
Bàdminton
Bádminton

Roeien
Rem
Remo

Baseball
Beisbol
Beisbol

Basketbal
Basquetbol, bàsquet
Baloncesto

Boksen
Boxa, pugilisme
Boxeo, pugilismo

Kanoën (in rustig water)
Piragüisme (en aigües tranquil·les)
Piragüismo (en aguas tranquilas)

Fietsen
Ciclisme
Ciclismo

Paardesport
Hípica
Hípica

Schermen
Esgrima
Esgrima

Voetbal
Futbol
Fútbol, balonpié

Turnen
Gimnàstica
Gimnasia

Gewichtheffen
Halterofília
Halterofilia, levantamiento de pesos

Handbal
Handbol
Balonmano

Veldhockey
Hoquei sobre herba
Hockey sobre hierba

Judo
Judo
Judo

Worstelen
Lluita
Lucha

Zwemmen
Natació
Natación

Synchroon zwemmen
Natació sincronitzada
Natación sincronizada

Moderne vijfkamp
Pentatló modern
Pentatlón moderno

Plank- en trampolinespringen
Salt (s) de trampolí i de palanca
Salto (s) de trampolín y de palanca

Tennis
Tennis
Tenis

Tafeltennis, pingpongen
Tennis de taula, ping-pong
Tenis de mesa, ping-pong

Schietsport, olympisch schieten
Tir (esportiu), tir olímpic
Tiro (deportivo), tiro olímpico

Boogschieten
Tir amb arc
Tiro con arco

Zeilen
Vela, esport de vela
Vela, deporte de vela

Volleybal
Voleibol
Voleibol, balonvolea

Waterpolo
Waterpolo
Waterpolo, polo acuático

Demonstratiesporten
Esports de demostració
Deportes de demostración

IJshockey
Hoquei sobre patins
Hockey sobre patines

(Baskisch) Balspel
Pilota , -basca
Pelota , -vasca

Taekwondo
Tae-kwondo
Tae-kwondo

13.4 **Atletiek.** Atletisme. *Atletismo*

Sprinten
Cursa plana / llisa
Carrera plana / lisa

Hordeloop
Cursa d'obstacles
Carrera de / con obstáculos

Hordeloop
Cursa de tanques
Carrera de vallas

Estafetteloop
Cursa de relleus
Carrera de relevos

Marathon
Marató (f)
Maratón

Snelwandelen
Marxa
Marcha

Hoogspringen
Salt d'alçada
Salto de altura

Polsstokhoogspringen
Salt amb perxa
Salto de pertiga

Verspringen
Salt de llargada
Salto de longitud

Driedubbele salto
Triple salt
Triple salto

Kogelstoten
Llançament de pes
Lanzamiento de peso

Discus werpen
Llançament de disc
Lanzamiento de disco

Kogelslingeren
Llançament de martell
Lanzamiento de martillo

Speerwerpen
Llançament de javelina
Lanzamiento de jabalina

Tienkamp
Decatló
Decatlón

Zevenkamp
Heptatló
Heptatlón

14. WOORDENLIJST. VOCABULARI *VOCABULARIO*

Aal	anguila	*anguila*
Aambeien	hemorroide (f)	*hemorroide (f)*
Aan (van apparaten)	encesa	*encendido*
Aanbellen	trucar	*llamar*
Aanbieden	oferir	*ofrecer*
Aandachtig	atentament	*atentamente*
Aan de universiteit studeren	anar a la universitat	*ir a la universidad*
Aangetekend	certificat, -ada	*certificado, -a*
Aangetekende brief	carta certificada	*carta certificada*
Aangetekende post, formulier voor	imprès per a correu certificat	*impreso para correo certificado*
Aangeven	denunciar	*denunciar*
Aangifte bij douane	declaració de duana	*declaración de aduana*
Aanhanger	remolc	*remolque*
Aankleden	vestir	*vestir*
Aankomen	arribar	*llegar*
Aankomst	arribada	*llegada*
Aanrijding	atropellament	*atropello*
Aansluiting, verbinding	correspondència, enllaç	*correspondencia, enlace*
Aansteken	encendre	*encender*
Aansteker	encenedor	*encendedor, mechero*
Aan toonder	al portador	*al portador*
Aanwennen, zich	acostumar-se	*acostumbrarse*
Aardappel(en)	patata (-es)	*patata(s)*
Aardappelomelet	truita (a l') espanyola	*tortilla española*
Aardappelpuree	puré de patates	*puré de patatas*
Aardbei	maduixa, maduixot	*fresa, fresón*
Aarde	terra	*tierra*
Abortus	avortament	*aborto*
Abrikoos	albercoc	*albaricoque*
Accessoire, -s	accessori(s)	*accesorio(s)*
Accu	bateria	*batería*
Acht	vuit	*ocho*
Achter	darrere	*detrás*
Achter, (naar)	endarrere, enrere	*atrás*

Achternaam	cognom(s)	*apellido(s)*
Achtersteven	popa	*popa*
Achteruitkijk-spiegel	(mirall) retrovisor	*(espejo) retrovisor*
Achteruit (versnelling)	marxa enrere	*marcha atrás*
Achtervolging	cursa de persecució	*carrera de persecución*
Achthonderd	vuit-cents, -centes	*ochocientos, -as*
Achtste	vuitè, ena	*octavo, -a*
Achttien	divuit	*dieciocho*
Ader, -s slagader, -s	vena, venes, artèria, artèries	*vena/s arteria/s*
Adres (onvolledig)	adreça (incompleta, insuficient)	*dirección* (f) (*incompleta, insuficiente)*
Advocaat, -ate	advocat, -essa /-ada	*abogado, -a*
Afbreken	desmuntar	*desmontar*
Afdalen	baixar	*bajar*
Afdaling	descens	*descenso*
Afdrogen (zich)	eixugar(-se)	*secar(se)*
Afgelopen jaar	l'any passat	*el año pasado*
Afgelopen week	la setmana passada	*la semana pasada*
Afrekenen	cobrar	*cobrar*
Afrika	Àfrica	*Africa*
Afrikaan, -se	africà, -ana	*africano, -ana*
Afstellen, het	reglatge	*puesta a punto, reglaje*
Afstempel-automaat	cancel·ladora d'impostos	*canceladora impuestos*
After Shave	loció per a l'afaitat	*loción (para el afeitado)*
Afwasmachine	rentaplats, rentavaixella	*lavaplatos, lavavajillas*
Afzender	remitent	*remitente, remite*
AIDS	SIDA(f) sida(f)	*SIDA (m) sida(m)*
Airconditioning	aire condicionat	*aire acondicionado*
Akkoord	d'acord	*de acuerdo*
A la crème	amb crema	*a la crema*
Alcohol	alcohol	*alcohol*
Alcoholvrije dranken	begudes sense alcohol	*bebidas sin alcohol*
Alle	tots, totes	*todos, -as*

Allergie	al.lèrgia	*alergia*
Allergie voor penicilline	al·lèrgia a la penicil·lina	*alergia a la penicilina*
Allergisch	al·lèrgic, -a	*alérgico, -a*
Allergisch voor	al·lèrgic, -a a	*alérgico, -a a*
Allergisch zijn	tenir al·lèrgia	*tener alergia*
Als	si	si
Alstublieft!	sisplau!	*¡por favor!*
Altijd	sempre	*siempre*
Aluminium	alumini	*aluminio*
Amandel	ametlla	*almendra*
Amandel (med.)	amígdala	*amígdala*
Amandel-ontsteking	amigdalitis (f), inflamació de les amígdales	*amigdalitis (f), inflamación de las amígdalas*
Ambachtskunst	artesania popular	*artesanía popular*
Ambassade	ambaixada	*embajada*
Ambulance	ambulància, dispensari	*ambulancia, dispensario*
Amerika	Amèrica	*América*
Amerikaan, -se	americà, -ana	*americano, -ana*
Amphitheater	amfiteatre	*anfiteatro*
Amuseren	distreure	*distraer*
Amusementspark	parc d'atraccions, atraccions	*parque de atracciones, atracciones*
Amuseren, zich	distreure's	*divertirse*
Ananas	pinya (tropical / americana)	*piña (tropical / americana)*
Andorra	Andorra	*Andorra*
Andorrees, -ese	andorrà, -ana	*andorrano, -ana*
Anjelier, anjer	clavell, clavellina	*clavel*
Anker lichten, het-	salpar, llevar àncores	*zarpar, levar anclas*
Annuleren	anul·lar	*anular*
Ansichtkaart	postal (f)	*postal (f)*
Ansjovis	anxova	*anchoa*
Antibiotica	antibiòtic	*antibiótico*
Antiekhandel	antiguitats, botiga d'antiguitats	*antigüedades, tienda de antigüedades*
Antwoord	resposta	*respuesta*
Antwoorden	respondre	*responder, contestar*
Anus	anus	*ano*
Aperitief	aperitiu	*aperitivo*
Apotheek	farmàcia	*farmacia*

Apotheek (buiten de reguliere tijden)	farmàcia de guàrdia	*farmacia de guardia*
Apotheker, -esse	farmacèutic, -a	*farmacéutico, -a*
Apparaat	aparell	*aparato*
Appartement	apartament	*apartamento*
Appel	poma	*manzana*
Appelsap	suc de poma	*zumo de manzana*
April	abril	*abril*
Arabier, Arabische	àrab	*árabe*
Arbeider	obrer, -a, treballador	*obrero, -a, trabajador, -a*
Architekt	arquitecte	*arquitecto*
Arena voor stieregevechten	plaça de toros	*plaza de toros*
Arm / been breken	trencar-se el braç / la cama	*romperse el brazo / la pierna*
Arm(en)	braç(os)	*brazo(s)*
Armband	polsera, braçalet	*pulsera, brazalete*
Artikel	article	*artículo*
Arts	metge,-essa, doctor,-a	*médico,-a, doctor,-a*
Arts roepen	cridar un metge	*llamar a un médico*
As	eix	*eje*
Asbak	cendrer	*cenicero*
Asperge	espàrrec	*espárrago*
Asperges met mayonaise	espàrrecs amb maionesa	*espárragos con mayonesa*
Aspirine	aspirina, comprimit, pastilla	*aspirina, comprimido, pastilla*
Aspirine met vitamine C	aspirina amb vitamina C	*aspirina con vitamina C*
Astma	asma	*asma*
Atleet	atleta	*atleta*
Atletiek	atletisme	*atletismo*
Attentie	atenció (f)	*atención (f)*
Aubergine	albergínia	*berenjena*
Augustus	agost	*agosto*
Auto	auto, cotxe	*coche, auto*
Auto, wagen, touringcar	automòbil, cotxe, turisme	*automóvil, coche, turismo*
Automatisch	automàtic, -a	*automático, -a*
Automobilist	automobilista	*automovilista*

Automonteur	mecànic, mecànic d'automòbils	*mecánico, mecánico de automóviles*
Autoped	patí	*patín*
Autosport	automobilisme	*automovilismo*
Avocado	alvocat	*aguacate*
Avond	tarda	*vespre*
Avondeten	sopar	*cenar*
Avondeten, het	sopar	*cena*
's Avonds	al vespre, a la nit	*por la noche*
Avonturenfilm	pel·lícula d'aventures	*película de aventuras*
Aziaat, Aziatische	asiàtic, -a	*asiático, -a*
Azië	Àsia	*Ásia*
Azijn	vinagre	*vinagre*
Baar, brug	paralel·les barres paral·leles	*paralelas, barras paralelas*
Baard	barba	*barba*
Badjas	barnús	*albornoz*
Badkamer	(cambra de) bany	*(cuarto de) baño*
Badkuip	banyera	*bañera*
Badminton	bàdminton	*bádminton*
Badminton-speler, -ster	jugador, -a de bàdminton	*jugador, -a de bádminton*
Badmuts	gorra de bany	*gorro de baño*
Badpak	vestit de bany	*traje de baño, bañador*
Bagage	equipatge	*equipaje*
Bagage, afhalen van	recollida d'equipatges	*recogida de equipajes*
Bagagedepot	consigna	*consign*
Bagage inchecken	facturar l'equipatge, facturació	*facturar el equipaje, facturación*
Bagagewagon	carret (per a l'equipatge)	*carrito (para el equipaje)*
Bakker	flequer, forner	*panadero*
Bakkerij	fleca, forn (de pa)	*panadería, horno*
Bakpoeder, gist	llevat	*levadura*
Bal	pilota	*pelota*
Balearen	Illes Balears	*Islas Baleares*
Balkon	balcó	*balcón*
Balpen	bolígraf	*bolígrafo*
Balspel (baskisch)	pilota (basca)	*pelota (vasca)*
Banaan	plàtan, banana	*plátano, banana*
Band	cinta	*cinta*

Band (boek)	volum, tom	*volumen, tomo*
Bandrecorder	magnetòfon	*magnetófono, grabador, -a*
Bank	banc	*banco*
Bankbiljet	bitllet	*billete*
Banketbakkerij	pastisseria	*pastelería*
Banketbakkers-waar	rebosteria	*repostería*
Baseball	beisbol	*beisbol*
Bask, Baskische	basc, -a	*vasco, -a*
Baskenland	País Basc	*País Vasco*
Basketball	bàsquetbol, bàsquet	*baloncesto*
Basketball-speler, -speelster	jugador, -a de bàsquet	*jugador, -a de baloncesto*
Batterij	pila	*pila*
Batterij opladen	recàrrega de la bateria	*recarga de la batería*
Beambte	funcionari, -ària	*funcionario, -a*
Bed	llit	*cama*
Bedanken	agraïr	*agradecer*
Bedankt	gràcies	*gracias*
Beddegoed	roba de llit	*ropa de cama*
Beddesprei	cobrellit	*colcha*
Bediening inbegrepen	servei inclòs	*servicio incluido*
Bedriegen	enganyar	*engañar*
Bedrijfsleider	gerent	*gerente*
Beeld- en geluids-artikelen	articles d'imatge i so	*artículos de imagen i sonido*
Been, benen	cama, cames	*pierna(s)*
Beer	ós	*oso*
Begane grond	planta baixa, baixos (m pl)	*planta baja*
Begeleiden	acompanyar	*acompañar*
Beginnen	començar	*comenzar*
Begrepen!	entesos, clar	*entendido, claro*
Begrijpen	comprendre, entendre	*comprender, entender*
Behang	paper pintat	*papel pintado*
Beignets, churros	bunyols, xurros	*buñuelos, churros*
Bekeuring	multa	*multa*
Beklagen, zich	queixar-se	*quejarse*
Bel	timbre	*timbre*

Beleefd	cortès, -esa, educat, -ada	*cortés, educado, -a*
Belegd broodje	entrepà	*bocadillo*
Beloven	prometre	*prometer*
Bemanning	tripulació (f)	*tripulación (f)*
Bemerken	adonar-se	*darse cuenta*
Benzine	gasolina	*gasolina*
Benzine, loodvrije-	gasolina sense plom	*gasolina sin plomo*
Benzine, normaal	gasolina normal	*gasolina normal*
Benzinestation	gasolinera	*gasolinera*
Beoefenen	practicar	*practicar*
Bereiden	preparar	*preparar*
Berg	muntanya	*montaña*
Bergbeklimmen	muntanyisme, alpinisme	*montañismo, alpinismo*
Berghut	refugi	*refugio*
Bergsport	disciplines alpines	*disciplinas alpinas*
Bericht	encàrrec, missatge	*recado, mensaje*
Berm	calçada	*calzada*
Beroep	professió (f)	*profesión (f)*
Beroep, vak	ofici	*oficio*
Beseffen, leren	assabentar-se, aprendre	*enterarse, aprender*
Besluiten	decidir	*decidir*
Bestek	cobert(s)	*cubierto(s)*
Bestelwagen	furgoneta	*furgoneta*
Bestemming	destinació	*destino*
Besturen (auto)	conduir	*conducir*
Bestuurder (auto)	conductor (d'automòbil)	*conductor (de automóvil)*
Betalen	pagar	*pagar*
Beurs	fira	*feria*
Bevallen, leuk vinden	agradar	*agradar, gustar*
Bevatten	contenir	*contener*
Bevelen	manar	*mandar*
Bewaking / agent	guàrdia	*guardia*
Bewegen	moure	*mover*
Bewegend doel	blanc mòbil	*blanco móvil*
Bewolkt	ennuvolat	*nuboso*
Bewustzijn verliezen	perdre el coneixement	*perder el conocimiento*
Bezem	escombra	*escoba*

Bezet	ocupat, -ada	*ocupado, -ada*
Bezetten	ocupar	*ocupar*
Bezoeken	visitar	*visitar*
B. h.	sostenidors (m pl)	*sostén, sujetador*
Biatlon	biatló, prova combinada	*biatlón, prueba combinada*
Bibliothecaris, -esse	bibliotecari, -ària	*bibliotecario, -aria*
Bibliotheek	biblioteca	*biblioteca*
Biefstuk tartaar	bistec tàrtar	*bistec tártar*
Bier	cervesa	*cerveza*
Bier van de tap	cervesa de barril	*cerveza de barril*
Bierlokaal	cerveseria	*cervecería*
Bij bewustzijn komen	recobrar el coneixement	*volver en si*
Bijouterie	bijuteria	*bisutería*
Biljart	billar	*billar*
Binnen, komt u	endavant!	*¡adelante!*
Binnenband	cambra (d'aire)	*cámara (de aire)*
Binnengaan	entrar	*entrar*
Binnenkamer	habitació interior	*habitación interior*
Binnenlandse vlucht	vol nacional / interior	*vuelo nacional*
Bioscoop	sala / cine d'estrena	*sala / cine de estreno*
Bitter	amarg, -a	*amargo,-a*
Blad, dienblad	plàtera, plata, safata	*bandeja*
Blauw	blau, -ava	*azul*
Bleekwater	lleixiu	*lejia*
Blijven	restar, quedar(-se)	*quedarse*
Blikje	llauna	*lata*
Blikopener	obrellaunes	*abrelatas*
Blind	cec	*ciego*
Blindedarm	intestí cec	*intestino ciego*
Blindedarm-ontsteking	apendicitis (f)	*apendicitis (f)*
Bloed	sang (f)	*sangre (f)*
Bloed afnemen	prendre(-li) sang	*sacar(le) sangre*
Bloeddruk	pressió arterial, tensió (f)	*presión arterial, tensión (f)*
Bloeddruk hebben, laag/hoog	tenir la pressió baixa/alta	*tener la presión baja/alta*
Bloeddruk meten	prendre(-li) la pressió	*tomar(le) la presión*
Bloeden	sagnar, estar sagnant	*sangrar, estar sangrando*
Bloedgroep	tipus de sang	*tipo de sangre*

Bloedonderzoek	la p ressió	*la presión*
Bloedtransfusie	transfusió de sang	*transfusión de sangre*
Bloemen	flors	*flores*
Bloemenwinkel	floristeria	*floristería*
Bloemist	florista	*florista*
Bloemkool	col-i-flor	*coliflor*
Bloemist	florista	*florista*
Blond	ros, rossa	*rubio, -a*
Blouse	brusa, camisa de dona	*blusa, camisa de mujer*
Blusapparaat	extintor	*extintor*
Bobslee(ën)	bobsleigh	*bob*
Bocht	revolt	*curva*
Bodega, wijnkelder	celler	*bodega*
Boeg	proa	*proa*
Boek	llibre	*libro*
Boekhandel	llibreria	*librería*
Boemeltrein	(tren) òmnibus	*(tren) ómnibus*
Boerenbruin (brood)	pa de pagès	*pan de payés*
Bof (med.)	galteres (f pl)	*paperas (f pl)*
Bokje, geit	cabrit, cabra	*cabrito, cabra*
Bokser	boxador, púgil	*boxeador, púgil*
Bonbons	bombons	*bombones*
Bonen, witte	fesol, mongetes	*alubias*
Bonengerecht	mongetes estofades, cassola de faves	*fabada, cazuela de habas*
Bontzaak	pelleteria	*peletería*
Boodschappen	compres	*compras*
Boodschappen doen	fer les compres, anar a comprar	*hacer las compras, ir a comprar*
Boogschieten	tir amb arc	*tiro con arco*
Boogschutter	tirador, -a amb arc	*tirador, -a con arco*
Boom	arbre	*árbol*
Boon	fava	*haba*
Boos worden	enfadar-se, empipar-se	*enfadarse, enojarse*
Boot	bot	*bote*
Bord, -en gerecht, -en	plat(s)	*plato(s)*
Borst(en)	pit(s)	*pecho(s)*
Borst (gevogelte)	pit	*pechuga*
Borstel	raspall	*cepillo*
Boter	mantega	*mantequilla*
Bot(ten)	os, ossos	*hueso(s)*

Botsen	xocar	*chocar, colisionar*
Botsing, aanrijding	xoc, topada, col·lisió (f)	*choque, colisión (f)*
Bougie	bugia	*bujía*
Bouillon	consomé	*consomé*
Boulevard	passeig, rambla	*paseo*
Boven (naar)	amunt / (a) dalt	*(hacia) arriba*
Boxen	boxa, pugilisme	*boxeo, pugilismo*
Branden, zich	cremar-se	*quemarse*
Brandewijn	aiguardent	*aguardiente*
Brandstof	combustible	*combustible*
Brandweer	bombers	*bomberos*
Brandwond	cremada	*quemadura*
Breed	ample, -a, fre	*ancho, -a, freno*
Breekbaar	fràgil	*frágil*
Breken	trencar	*romper*
Bridge	bridge	*bridge*
Brief	carta	*carta*
Brief met opgegeven waarde	carta amb valor declarat	*carta con valor declarado*
Briefpapier	paper de cartes	*papel de cartas*
Brief posten	tirar una carta	*echar / tirar una carta*
Brievenbus	bústia	*buzón*
Briljant, glanzend	brillant	*brillante*
Broek, broeken	pantalons (m pl)	*pantalón, pantalones (m pl)*
Broekzak	butxaca	*bolsillo*
Broer (s)	germà, germans	*hermano(s)*
Broer, jongere	germà petit	*hermano menor*
Broer, oudere	germà gran	*hermano mayor*
Broers, zusters	germà, germans	*hermano(s)*
Bronchitis	bronquitis (f)	*bronquitis (f)*
Brons	bronze	*bronce*
Bronzen medaille	medalla de bronze	*medalla de bronce*
Brood	pa	*pan*
Broodje	panet, llonguet	*panecillo*
Brood met tomaat	pa amb tomàquet	*pan con tomate*
Broodrooster	torradora de pa	*tostador de pan*
Brug	pont	*puente*
Brug, commandopost	pont/cabina de comandament	*puente / cabina de mando*
Bruid, verloofde	núvia, promesa	*novia*
Bruiloft	noces, boda, casament	*boda*

Bruin	marró	*marrón*
Bruin worden	bronzejar-se	*broncearse*
B.T.W. , inclusief	IVA inclòs	*I.V.A. incluido*
Buffet	bufet	*bufet*
Buik	ventre	*vientre*
Buitenband	pneumàtic	*cubierta*
Buitenwijk	urbanització (f)	*urbanización (f)*
Bumper	para-xocs	*parachoques*
Bungalow	bungalow	*bungalow*
Bureau voor gevonden voorwerpen	oficina d'objectes perduts	*oficina de objetos perdidos*
Burgerlijke staat	estat civil	*estado civil*
Bus	autobús, bus d'automòbil	*autobús, bus de automóvil*
Busje	microbús	*microbús*
Cabaret	music-hall, teatre de revista	*music-hall, teatro de revista*
Cabine	cabina	*camarote*
Cacao	cacau	*cacao*
Cactus	cactus	*cacto*
Cadeau	regal	*regalo*
Cadeau-artikelen	objectes de regal	*objetos de regalo*
Café	bar	*bar*
Cafeïnevrije koffie	cafè descafeïnat	*café descafeinado*
Camper	autocaravana	*autocaravana*
Camping	càmping	*cámping*
Canarische eilanden	Illes Canàries	*Islas Canarias*
Canneloni	canelons	*canelones*
Caravan / file	caravana	*caravana*
Carburator	carburador	*carburador*
Carcuterie	xarcuteria, cansaladeria	*charcutería, tocinería*
Cardan-as	arbre del cardan	*árbol del cardán*
Carosserie	carrosseria	*carrocería*
Casino	casino (de joc)	*casino (de juego)*
Casserole	cassola	*cazuela*
Cassette	cassette (f), casete	*cassette*
Castiliaan, -se	castellà, -ana	*castellano, -a*
Catalaan, -se	català, -ana	*catalán, -a*
Catalaanse vermicellisoep	escudella	*«escudella»*
Catalonië	Catalunya	*Cataluña*

Centenaar (46 kilo)	quintar	*quintal*
Centimeter	centímetre	*centímetro*
Centrum	centre	*centro*
Champagne	cava (m), xampany	*cava (m), champaña (m)*
Charcuterie	xarcuteria, cansaladeria	*charcutería, tocineria*
Chartervlucht	vol xàrter	*vuelo charter*
Chauffeur	motorista, conductor, -a	*motorista, conductor, -a*
Chef	cap	*jefe*
Chemicus	químic, -a,	*químico, -a,*
Chemisch reinigen	neteja en sec, rentat en sec	*limpieza en seco, lavado en seco*
Cheque	xec, taló	*cheque, talón*
Chequeboek	talonari	*talonario*
China	Xina	*China*
Chinees, Chinese	xinès, -esa	*chino, -a*
Chips, patat	patates fregides	*patatas fritas*
Chirurg	cirurgià	*cirujano*
Chocolade	xocolata (f)	*chocolate (m)*
Chocolade-ijs	gelat de xocolata	*helado de chocolate*
Chocolade met amandelen / hazelnoten	xocolata amb ametlles / avellanes	*chocolate con almendras / avellanas*
Chocolademousse	mousse de xocolata	*mousse de chocolate*
Chocoladetaart	pastís de xocolata	*pastel de chocolate*
Chorizo	salsitxa, xoriç,	*salchicha, chorizo*
Cirkus	circ	*circo*
Citadel	ciutadella	*ciudadela*
Citroen	llimona	*limón*
Citroensap	suc de llimona	*zumo de limón*
Classificatie	classificació (f)	*clasificación (f)*
Claxon	botzina, clàxon	*bocina, claxon*
Club, sportclub	club, club esportiu	*club, club deportivo*
Cocktail	còctel, combinat	*cóctel, combinado*
Cognac	conyac	*coñac*
Collectie	selecció (f)	*selección (f)*
Collect-call	telefonada amb cobrament revertit	*conferencia a cobro revertido*
Commissie	comissió (f)	*comisión (f)*
Compact-disc	compacte, compact disc	*disco compacto, compact disc*

Componist	compositor, -a	*compositor, -a*
Computer	ordinador	*ordenador*
Computer-programma's	programes per a ordinador	*programas para ordenador*
Computerspelletjes	jocs electrònics	*juegos electrónicos*
Concert	concert	*concierto*
Condoom	preservatiu	*preservativo*
Consulaat	consolat	*consulado*
Consult	consultori (mèdic)	*consultorio (médico)*
Consulteren, een arts	consultar un metge, anar a veure un metge	*consultar un médico, ir a ver un médico*
Contant (geld)	(diner) efectiu, metàl·lic	*(dinero) efectivo, metálico*
Contant betalen	al comptat, en efectiu/ metàl·lic	*al contado, en efectivo / metálico*
Controle	control	*control*
Controle, servicebeurt	revisió	*revisión*
Controleur	revisor	*revisor*
Copyrette	copisteria	*copistería*
Correspondentie	correspondència	*correspondencia*
Corridor, gang	passadís	*pasillo, corredor*
Corrigeren	corregir	*corregir*
Coupé	compartiment	*departamento*
Courgette	carbassó	*calabacín*
Creditkaart	targeta de crèdit	*tarjeta de crédito*
Crème	crema	*crema*
Crêpes	creps	*creps*
Cricket	criquet, cricket	*criquet, cricket*
Croissant	croissant	*croissant*
Cursus, jaar	curs, classe (f)	*curso, clase*
Cylinder	cilindre	*cilindro*
Daar	allí, allà	*allí, allá*
Daarna	després	*después*
Daarom	per això	*por eso*
Dag	dia (m)	*día (m)*
Dagelijks	diàriament	*diariamente*
Dal	vall (f)	*valle (f)*
Dame, vrouw	senyora	*señora*
Damesblouse	camisa de dona	*camisa de mujer*
Danszaal	sala de festa / ball	*sala de baile*
Darm	intestí	*intestino*

Dat	allò	*aquello*
Dat (wat is dat?)	això (Què és això?)	*esto / eso (Qué es esto / eso?)*
Dat, die	que	*que*
Dat is er niet	no n'hi ha	*no hay*
Datum	data	*fecha*
De	el (l', pl: els)	*al (pl: los)*
De, het	la (l', pl.: les)	*la (pl.: las)*
December	desembre	*diciembre*
Decigram (10 gram)	decagram, deu grams	*decagramo, diez gramos*
Deciliter	decilitre	*decilitro*
Decimeter	decímetre	*decímetro*
Defect	avariat	*averiado*
Defilé, optocht	desfilada	*desfile*
Dek (schip)	coberta	*cubierta*
Dekbed	edredó	*edredón*
Deken	manta, flassada	*manta*
Demonstratie-sporten	esports de demostració	*deportes de demostración*
Deodorant	desodorant	*desodorante*
Derde	tercer, -a	*tercer(o), -a*
Derde, een	un terç	*un tercio*
Dertien	tretze	*trece*
Dertig	trenta	*treinta*
Detective (roman)	novel·la policíaca	*novela policíaca*
De trein missen	perdre el tren	*perder el tren*
Deur, deurtje	porta	*puerta, portezuela*
Devies, deviezen	divisa(-es)	*divisa(s)*
Deze, dit (aanw.)	aquest, -a	*este, a / ese, -a*
Deze, dit (zelfst.)	aquest	*este*
Dia	diapositiva	*diapositiva*
Diabetes	diabetis (f)	*diabetes (f)*
Diabeticus, -ca	diabètic, -a	*diabético, -a*
Diafilm	pel·lícula per diapositives	*película por diapositivas*
Diamant	diamant	*diamante*
Diarolletje	pel·lícula en color per diapositives	*película en color por diapositivas*
Diarree	diarrea	*diarrea*
Dichter, -es	poeta, poetessa	*poeta, poetisa*
Die	aquell, -a	*aquel, aquella*
Die, dat	que	*que*

Dienstregeling	horari (de trens)	*horario (de trens)*
Diep	fondo	*profundo, hondo*
Dier	animal	*animal*
Dierentuin	(parc) zoològic	*(parque) zoológico*
Diesel	gas-oil	*gasóleo, gasoil*
Difterie	diftèria	*difteria*
Dij(been)	cuixa	*muslo*
Dik	gras, -assa	*grueso, -a, gordo, -a*
Dik, groot	gruixut, -uda	*grueso, -a*
Dimlicht	llum (f) d'encreuament	*luz (f) de cruce*
Dinsdag	dimarts	*martes*
Diploma	diploma (m)	*diploma (m)*
Direct	directament	*directamente*
Direct, meteen	de seguida	*enseguida*
Directe vlucht	vol directe	*vuelo directo*
Directeur, directrice	director, -a, gerent	*director, -a, gerente*
Dirigent	director d'orquestra	*director de orquesta*
Discotheek	discoteca	*discoteca*
Discus	disc	*disco*
Discuswerpen	llançament de disc	*lanzamiento de disco*
District	districte	*distrito*
Dit, dat	això	*esto*
Dit jaar	aquest any, enguany	*este año*
Docentschap	professorat	*profesorado*
Dochter, zoon	filla, fill	*hija, hijo*
Doctor (titel), dokter	doctor	*doctor*
Doe-het-zelf	bricolatge	*bricolaje*
Dollar, Am.	dòlar(s) EUA	*dólar(es) USA*
Donderdag	dijous	*jueves*
Donker bier	cervesa negra	*cerveza negra*
Donkerbruin	moreno, -a	*moreno, -a*
Doorsmeren	greixatge	*engrase*
Dorst hebben (grote)	tenir (molta) set (f)	*tener (mucha) sed (f)*
Douane	duana	*aduana*
Douanier	duaner, -a	*aduanero, -a*
Douche	dutxa	*ducha*
Douchen, zich	dutxar-se, prendre una dutxa	*ducharse*
Draad	fil	*hilo*
Draaien	girar, tombar	*girar, torcer*
Draaien (het nummer)	marcar (el número)	*marcar (el número)*

Dragen	portar, dur	*llevar*
Drama	drama (m)	*drama (m)*
Drank	beguda	*bebida*
Draverij	cursa plana / llisa	*carrera plana / lisa*
Drie	tres	*tres*
Driedubbele salto	triple salt	*triple salto*
Drieëntwintig	vint-i-tres	*veintitrés*
Driehonderd	tres-cents, -centes	*trescientos, -as*
Driekwart	tres quarts	*tres cuartos*
Dringend	urgent	*urgente*
Drinken	beure, prendre	*beber, tomar*
Drinkwater	aigua potable	*agua potable*
Drogen	assecar	*secar*
Drogen, zich	eixugar(-se)	*secar(se)*
Droge wijn	vi sec	*vino seco*
Drogisterij	drogueria	*droguería*
Dromen	somiar	*soñar*
Droog	sec -a	*seco -a*
Druif	raïm	*uva*
Drukker	impressora	*impresora*
Drukkerij (Snel)	impremta (ràpida)	*imprenta (rápida)*
Drukwerk, formulier	imprès	*impreso*
Duidelijk	clar, -a	*claro, -a*
Duiken (sport)	natació subaquàtica	*buceo (deportivo), natación subacuática*
Duitse Mark(en)	marc(s) alemany(s)	*marco(s) alemán(es)*
Duitser, Duitse	alemany, -a	*alemán, -a*
Duitsland	Alemanya	*Alemania*
Duizend	mil	*mil*
Duren	durar, trigar, tardar	*durar, demorar, tardar*
Duur	car, -a	*caro, -a*
Duwen	empenyeu	*empujar*
Dynamo	dinamo (f)	*dinamo (f)*
Dysenterie	disenteria	*disentería*
Eau de cologne	colònia, aigua de Colònia	*colonia, agua de Colonia*
Echtgenoot	marit	*marido*
Echtgenote	dona, muller, esposa	*mujer, esposa*
Echtpaar	matrimoni	*matrimonio*
Edelsmeedkunst	articles d'orfebreria	*artículos de orfebrería*

Edelsteen	pedra preciosa	*piedra preciosa*
Een	un, -a	*un, -a*
Eend	ànec	*pato*
Eenentwintig	vint-i-u(n), -una	*veintiuno / veintiún, -una*
Eenheidsprijs	preu únic	*precio único*
Een jaar geleden	fa un any	*hace un año*
Een keer, eens	una vegada, un cop	*una vez*
Een onderzoek doen	fer un examen	*hacer un examen*
Een paar	uns, unes	*unos -as*
Eenpersoonskamer	habitació individual, habitació per a una persona	*habitación sencilla, habitación para una persona*
Eenrichtings-verkeer	carrer de sentit únic	*calle de dirección única*
Eenvoudig	senzill -a	*sencillo -a*
Eergisteren	abans-d'ahir	*antes de ayer*
Eerlijk	sincerament	*sinceramente*
Eerste	primer, -a	*primer (o), -a*
Eerste hulp	primers socors, primers auxilis (m pl)	*primeros auxilios*
Eerstehulppost	lloc de primers auxilis	*puesto de primeros auxilios*
Eersteklas-wagon	vagó de primera (classe)	*coche de primera (clase)*
Eetkamer, eetgelegenheid	menjador	*comedor*
Eet smakelijk!	bon profit! que aprofiti!	*¡que aproveche!*
Eeuw	segle	*siglo*
EHBO-post	lloc de socors	*puesto de socorro*
Ei	ou	*huevo*
Eiergerechten	plats d'ous	*platos de huevos*
Eiland	illa	*isla*
Eindigen, be-	acabar	*acabar, terminar*
Eindstand	resultat final	*resultado final*
Eindstation	terminal (f)	*terminal (f)*
Electriciën	electricista, lampista	*electricista*
Electriciteit	electricitat (f)	*electricidad (f)*
Electriciteits-artikelen	articles d'electricitat	*artículos de electricidad*

Electrische trein	electrotren	*electrotren*
Elf	onze	*once*
Elfde	onzè, ena	*undécimo, -a*
Elk, ieder	cada	*cada*
Employé, bediende	empleat, -ada	*empleado, -a*
En	i	*y*
Engeland	Anglaterra	*Inglaterra*
Engelse sleutel	clau anglesa	*llave inglesa*
Engelsman, Engelse	anglès, -esa	*inglés, -esa*
Enige	alguns, algunes	*algunos -as*
Entracte	entreacte	*entreacto*
Enveloppe	sobre	*sobre*
Epidemie	epidèmia	*epidemia*
Epileren	depilació (f)	*depilación (f)*
Epilerings-crème	crema / cera depilatòria	*crema / cera depilatoria*
Er wordt niet opgenomen	no contesten	*no contestan*
Ernstig	greu	*grave*
Erwt	pèsol	*guisante*
Erwtenpuree	puré de pèsols	*puré de guisantes*
Espresso	cafè	*café solo, sólo*
Espresso-apparaat	cafetera	*cafetera (exprés)*
Estafette, vrijestijl	relleus d'estil lliure	*relevos de estilo libre*
Estafetteloop	cursa de relleus, relleus	*carrera de relevos, relevos*
Estafettezwemmen	relleus d'estils	*relevos de estilos*
Etage	pis, planta	*piso, planta*
Etalage	aparador, escaparate	*aparador*
Eten	menjar	*comer*
Eten, het	menjar	*comida*
Europa	Europa	*Europa*
Europeaan, -se	europeu, -ea	*europeo, -ea*
Europees kampioen, -e	campió, -ona d'Europa	*campeón, -ona de Europa*
Europees kampioenschap	campionat d'Europa	*campeonato de Europa*
Europees record	rècord d'Europa	*récord de Europa*
Evenmin	ni, tampoc	*ni, tampoco*
Evenwichtsbalk	barra d'equilibri	*barra de equilibrio*
Excursie	excursió (f)	*excursión (f)*
Expeditie	expedició	*expedición*
Expositie	exposició (f)	*exposición (f)*

Expresbrief	urgent certificat	*urgente certificado*
Extra bed	llit addicional / supletori	*cama adicional / supletoria*
Fabriek	fàbrica	*fábrica*
Factureren	facturar	*facturar*
Familie	família	*familia*
Familielid, bloedverwant	familiar(s) parent(s)	*familiar(es) pariente(s)*
Fax	telefax, fax	*telefax, fax*
Februari	febrer	*febrero*
Feestzaal	sala de festes	*sala de fiestas*
Fiche, penning	fitxa	*ficha*
Fiets	bicicleta	*bicicleta*
File, opstopping	caravana, cua, embussament	*caravana, atasco*
Filet	filet	*filete*
Film	pel·lícula, film	*película, filme*
Filmcamera	cambra / màquina de filmar	*cámara / máquina de filmar*
Filmladder	cartellera	*cartelera*
Filmotheek	filmoteca	*filmoteca*
Filmrolletje	rodet de pel·lícula	*rollo de película*
Filter, mondstuk	filtre, broquet	*filtro, boquilla*
Finale	final (f), finals	*final, finales*
Flan, pudding	flam	*flan*
Flauwvallen	desmaiar-se	*desmayarse*
Fles	ampolla	*botella*
Fles / een liter wijn	una ampolla / un litre de vi	*una botella / un litro de vino*
Flesopener	obridor	*descapsulador*
Flits	flash	*flash*
Flying Dutchman	flying dutchman	*flying dutchman*
Föhn (voor haar)	assecador (de cabells)	*secador (de pelo)*
Fontein	font (f), brollador	*fuente (f), surtidor*
Fooi	propina	*propina*
Forel	truita	*trucha*
Formulier voor aangetekende post	imprès per a correu certificat	*impreso para correo certificado*
Foto	foto (f)	*foto (f)*
Fotoalbum	àlbum de fotografies	*álbum de fotografías*
Fotograaf	fotògraf, -a	*fotógrafo, -a*
Fotograferen	fotografiar	*fotografiar*

Fotografie, foto	fotografia, foto (f)	*fotografía, foto (f)*
Fotokopieën	fotocòpies	*fotocopias*
Foto maken	fer / tirar una foto	*hacer / sacar una foto*
Foto - optiek	foto-òptica	*foto-óptica*
Fotopapier	paper fotogràfic	*papel fotográfico*
Fototoestel	màquina, cambra fotogràfica	*máquina, cámara fotográfica*
Fourniturenwinkel	merceria, vetes-i-fils	*mercería*
Foyer	vestíbul	*vestíbulo*
Framboos	gerd, gerdó	*frambuesa*
Frankeren	franquejar	*franquear*
Frankfurter worstjes	salsitxes de Frankfurt	*salchichas de Frankfurt*
Frankrijk	França	*Francia*
Franse franc(s)	franc(s) francès(os)	*franco(s) francés(es)*
Fransman, Française	francès, -esa	*francés, -esa*
Frisdrank(en)	refresc(s)	*refresco(s)*
Fruit	fruita, fruites	*fruta(s)*
Fruitsalade	macedònia de fruites	*macedonia de fruta*
Fruit van het seizoen	fruita del temps	*fruta del tiempo*
Fruitwinkel	fruiteria	*frutería*
Functie	càrrec	*cargo*
Functioneren	funcionar, marxar	*funcionar, marchar*
Gaan	anar	*ir*
Gaas (steriel))	gasa (esterilitzada)	*gasa (esterilizada)*
Gal	bilis (f), fel	*bilis (f), hiel (f)*
Galerie	sala / galeria d'art	*sala / galería de arte*
Gallicië	Galicia	*Galícia*
Gallicïer, Gallicische	gallec, -ega	*gallego, -a*
Galsteen, galstenen	càlcul(s) biliar(s)	*cálculo(s) biliar(es)*
Gans	oca	*ganso, oca*
Garage	garatge, taller de reparació d'automòbils	*garaje, taller de reparación de automóviles*
Garage (met accesoires)	taller de muntatge d'accessoris d'automòbil	*taller de montaje de accesorios de automóvil*
Garantie	garantia	*garantía*
Garderobe	guarda-roba (m)	*guardarropa (m)*

Garnaal, gamba	gamba, gambeta	*gamba, camarón*
Garnalencocktail	còctel de gambes	*cóctel de gambas*
Garnituur	acompanyaments	*guarniciones*
Gasfles	bombona de gas	*bombona de gas*
Gas geven	accelerar	*acelerar*
Gaspedaal	accelerador	*acelerador*
Gastvrijheid	hospitalitat	*hospitalidad*
Gazpacho (koude soep)	gaspatxo	*gazpacho*
Geadresseerde	destinatari, -ària	*destinatario, -a*
Geadresseerde onbekend	destinatari desconegut	*destinatario desconocido*
Gebit	dentadura	*dentadura*
Geboortedatum	data de naixement	*fecha de nacimiento*
Geboorteplaats	lloc de naixement	*lugar de nacimiento*
Geboren worden	néixer	*nacer*
Gebouw	edifici	*edificio*
Gebraden, geroosterd	rostit, -ida	*asado, -a*
Geclassificeerd (voor finale)	classificar-se (per finals)	*clasificarse (para finales)*
Gecompliceerd	complicat, -ada	*complicado, -a*
Geconfijt	confitat, -ada	*confitado, -a*
Gedestilleerd water	aigua destil·lada	*agua destilada*
Geel	groc, -oga	*amarillo, -a*
Geelzucht	icterícia	*ictericia*
Geen honger hebben	no tenir gana	*no tener apetito*
Gefeliciteerd!	enhorabona!	*¡enhorabuena!*
Geflambeerd	flamejat, -ada	*flameado, -a*
Gefrituurd	fregit, -ida	*frito, -a*
Gegratineerd	gratinat, -ada	*gratinado, -a*
Gegrild	a la planxa	*a la plancha*
Gehakt	picat, -ada, carn capolada / picada	*picado, -a, carne picada*
Gehaktbal	mandonguilles	*albóndigas*
Gekookt	bullit, -ida	*hervido, -a*
Gekookt, gaar	cuit, -a	*cocido, -a*
Gekruld, krulhaar	arrissat, -ada, cresp, -a	*rizado, -a, crespo, -a*
Geld	diner	*dinero*
Geldautomaat	caixer automàtic	*cajero automático*
Gelijk	igualar	*igualar*

Gelijkspel	empat	*empate*
Gelijk spelen	empatar	*empatar*
Gelijktijdig	al mateix temps, alhora	*al mismo tiempo*
Geloven	creure	*creer*
Gelukkig	feliç	*feliz*
Geluks- telegram	telegrama de felicitació	*telegrama de felicitación*
Gelukwensen	felicitar	*felicitar*
Gemakkelijk	fàcilment, fàcil	*fácilmente, fácil*
Gemengd dubbel (tennis)	dobles mixtos, parelles mixtes	*dobles mixtos*
Gemengde salade	amanida mixta	*ensalada mixta*
Genoeg	bastant, prou	*bastante*
Genummerd toegangsbewijs	entrada numerada	*entrada numerada*
Geopend, open	obert, -a	*abierto, -a*
Gepaneerd	arrebossat, -ada	*rebozado, -a*
Gepaneerd vlees	carn arrebossada	*carne rebozada*
Gepensioneerd	pensionat, pensionista	*pensionista, pensionado*
Gepensioneerde	jubilat -ada	*jubilado -a*
Gepocheerde eieren	ous passats per aigua	*huevos pasados por agua*
Gereedschap	eina	*herramienta*
Gereserveerd	reservat, -ada	*reservado, -a*
Gerookt	fumat, -ada	*ahumado, -a*
Geroosterd	a la brasa	*a la brasa, braseado,-a*
Geroosterd brood	torrades	*tostadas*
Geroosterd vlees	graellada de carn	*parrillada de carne*
Gesauteerd	saltat -ada	*salteado -a*
Gescheiden	separat -ada	*separado -a*
Gescheiden (man/vrouw)	divorciat, -ada	*divorciado, -a*
Geslachtsziekte	malaltia venèria	*enfermedad venérea*
Gesloten	tancat, -ada	*cerrado, -a*
Gesmoord	ofegat, -ada	*rehogado, -ada*
Getrouwd	casat, -ada	*casado, -a*
Getuigschrift	certificat	*certificado*
Geven	donar	*dar*
Gevogelte	aviram	*aves*
Gevonden voor- werpen	objectes perduts	*objetos perdidos*

Gevouwen	doblat	*doblado*
Gevuld	farcit, -ida	*relleno, -a*
Gevulde paprika	pebrot farcit	*pimiento relleno*
Geweer	fusell, carabina	*fusil, carabina*
Gewicht	pes	*peso*
Gewichtheffen	halterofilia	*halterofília*
Gewichtheffer	halterofilista, aixecador	*halterofilista, levantador*
Gewond, gewonde	ferit, -ida	*herido, -a*
Gewoonte	costum	*costumbre (f)*
Gezicht	cara, rostre	*cara, rostro*
Gezichtscrème	llet hidratant	*leche hidratante*
Gezichtspoeder	pólvores facials	*polvos faciales*
Gezond	sa, sana	*sano, -a*
Gezondheid	salut (f)	*salud (f)*
Gezouten	salat, -ada	*salado, -a*
Gezwollen, opgezet	inflat, -ada	*hinchado, -a*
Gids	guia	*guía*
Gin	ginebra	*ginebra*
Gisteren	ahir	*ayer*
Glaasje	got, copa	*vaso, copa*
Glad	llis, -a	*liso, -a*
Gladiool	gladiol	*gladiolo*
Glas	got, copa	*vaso, copa*
Glas bier	una canya	*una caña*
Glaswerk	cristalleria	*cristalería*
Glas wijn	un vas / got de vi	*un vaso de vino*
Glimlachen	somriure	*sonreír*
Gloeilamp	bombeta	*bombilla*
Goed	bo, bona	*bueno, -a*
Goedenacht!	bona nit!	*¡buenas noches!*
Goederentrein	(tren de) mercaderies (m)	*(tren de) mercancías (m)*
Goedkoop	barat, -a	*barato, -a*
Goeiedag! (tot 14 h)	bon dia!	*¡buenos días!*
Golf	golf, ona	*golf, ola*
Gom, autoband	goma	*goma*
Gordijn	cortina	*cortina*
Goud	or	*oro*
Gouden ketting	cadena d'or	*cadena de oro*
Gouden medaille	medalla d'or	*medalla de oro*
Goudkleurig	daurat, -ada	*dorado, -a*
Goulash, Hongaarse	goulash a l'hongaresa	*goulash a la húngara*

Graden	grau	*grado*
Graden Celsius	grau Celsi, grau centígrad	*grado Celsi, grado centígrado*
Gram	gram	*gramo*
Grammatica	gramàtica	*gramática*
Granaatappel	magrana	*granada*
Gratis	gratis	*gratis*
Graveren	gravat d'objectes	*grabado de objetos*
Grieks-Romeins worstelen	lluita greco-romana	*lucha grecorromana*
Griep	grip	*gripe*
Griesmeel	sèmola	*sémola*
Grijs (van haar), grijs	gris, -a	*canoso, -a, gris, -a*
Groeien	créixer	*crecer*
Groen	verd, -a	*verde*
Groen licht	llum verda	*luz verde*
Groente	verdura (-es)	*verdura(s)*
Groente, gewas	hortalisses	*hortalizas*
Groentecrème-soep	crema de verdures	*crema de verduras*
Groentegerecht	plats de verdura	*platos de verdura*
Groentepuree	minestra de verdures, crema de llegums	*menestra de verduras, crema de legumbres*
Groentesoep	sopa de verdures	*sopa de verduras*
Groentewinkel	botiga de verdures	*tienda de verduras*
Groep	grup	*grupo*
Groeten	saludar	*saludar*
Grondoefeningen	exercicis a terra	*ejercicios de tierra*
Groot	gran	*grande,gran*
Groot Brittannië	Gran Bretanya	*Gran Bretaña*
Grootouders	avis	*abuelos*
Guardia civil	guàrdia civil	*guardia civil*
Gum	goma d'esborrar	*goma de borrar*
Gymnastiek	gimnàstica	*gimnasia*
Haar	cabells (m pl)	*pelo, cabellos (m pl)*
Haar, geverfd-	tint de cabells	*teñido de pelo*
Haarverzorgings-artikelen	articles de perruqueria	*artículos de peluquería*
Haas	llebre, conill de bosc	*liebre*
Haast	aviat	*pronto*

Hagel	calamarsa, pedra	*granizo, piedra*
Hak	taló, tacó	*tacón*
Half	mig, mitjà	*medio, -a*
Half pension	mitja pensió	*media pensión*
Half uur	mitja hora	*media hora*
Hallo!	hola!	*¡hola!*
Hallo! (om de aandacht van iem. te trekken)	escolti('m), escolti	*óigame, ¡oiga!*
Hals	coll	*cuello*
Halte	parada	*parada*
Halte (trein)	baixador	*apeadero*
Ham	pernil	*jamón*
Hamer	martell	*martillo*
Hand, handen	mà, mans	*mano(s)*
Handbagage	equipatge de mà	*equipaje de mano*
Handbal	handbol	*balonmano*
Handbalspeler	jugador d'handbol	*jugador de balonmano*
Handdoek	tovallola	*toalla*
Handeling, akte	acte	*acto*
Handels- en winkelcentrum	establiments comercials i de serveis	*establecimientos comerciales y de servicios*
Handpalm	palmell	*palma (de la mano)*
Handrem	fre de mà	*freno de mano*
Handschoenen	guants	*guantes*
Handtas	bossa de mà	*bolso de mano*
Handtekening	firma, signatura	*firma, signatura*
Hanger	penjoll	*colgante*
Hard	dur	*duro*
Hardgekookte eieren	ous durs	*huevos duros*
Hardrijden op de schaats	patinatge de velocitat	*patinaje de velocidad*
Haring	areng	*arenque*
Hart	cor	*corazón*
Hartaanval	atac cardíac, atac de cor	*ataque cardíaco, ataque de corazón*
Hartinfarct	infart (de miocardi)	*infarto (de miocardio)*
Haven	port	*puerto*
Haven, zeehaven	port, estació marítima	*puerto, estación marítima*

Hazelnoot	avellana	*avellana*
Hebben	tenir, haver	*tener, haber*
Hechten (med.)	suturar, posar(-li) punts	*poner(le) puntos suturar*
Hechtpleister	esparadrap	*esparadrapo*
Hectare	hectàrea	*hectarea*
Hectoliter	hectolitre	*hectolitro*
Heek, stokvis	lluç	*merluza*
Heenreis	anada	*ida*
Heldere soep	brou	*caldo*
Helemaal niet	gens, en absolut	*nada, en absoluto*
Helft	meitat (f)	*mitad (f)*
Helling	pendent (m)	*pendiente (f)*
Helm	casc	*casco*
Help!	socors!, auxili!	*¡socorro!*
Helpen	ajudar	*ayudar*
Hem, haar, u, hun	el seu, la seva	*suyo, -a; su*
Hemel	cel	*cielo*
Hen	gallina	*gallina*
Hepatitis	hepatitis (f)	*hepatitis (f)*
Heren	homes	*caballeros*
Herfst	tardor (f)	*otoño*
Herinneren	recordar	*recordar*
Hernia	hèrnia	*hernia*
Hersenen	cervell	*seso*
Hert	cérvol	*ciervo*
Heten	dir-se	*llamarse*
Het is nodig	cal	*es necesario*
Hier	aquí, ací	*aquí, acá*
Hierheen	cap aquí	*hacia aquí*
Hi-fi-installatie	equip d'alta fidelitat	*equipo de alta fidelidad*
Hij	ell	*él*
Hoe?	com?	*¿cómo?*
Hoed	barret, capell	*sombrero*
Hoek (straat)	cantonada	*esquina*
Hoes	funda	*funda*
Hoest	tos (f)	*tos (f)*
Hoesten	tossir	*toser*
Hoestmiddel	calmant de la tos	*calmante de la tos*
Hogeschool	escola superior	*escuela superior*
Hond	gos	*perro*
Honderd	cent	*ciento / cien*

Honderd procent katoen	cotó cent per cent	*algodón ciento por ciento*
Honderdste, een	un centèsim	*un centésimo*
Honger hebben (veel)	tenir (molta) gana	*tener (mucha) hambre*
Honing	mel	*miel*
Hoofd	cap	*cabeza*
Hoofdpijn-asperine	comprimits contra el mal de cap	*comprimidos contra el dolor de cabeza*
Hoofdpijn hebben	fer(-li) mal el cap, tenir mal de cap	*dolerle la cabeza, tener dolor de cabeza*
Hoofdmaaltijd	plat fort	*plato fuerte*
Hoofdpostkantoor	central de correus	*central de correos*
Hoofdrolspeler	protagonista	*protagonista*
Hoogspringen, het	salt d'alçada	*salto de altura*
Hoogspringwedstrijd	prova de salt	*prueba de salto*
Hoorn	auricular	*auricular*
Horchata (zoete drank)	orxata d'ametlles	*horchata de almendras*
Hordenloop	cursa d'obstacles, jumping, cursa de tanques	*carrera de / con obstáculos, carrera de vallas*
Horloge	rellotge (de polsera)	*reloj (de pulsera)*
Horlogemaker	rellotger	*relojero*
Horlogewinkel	rellotgeria	*relojería*
Hotel	hotel	*hotel*
Houden van	estimar	*querer, amar*
Huid	cutis	*cutis*
Huis	casa	*casa*
Huishoudelijke apparaten (electr.)	electrodomèstics	*electrodomésticos*
Huishoudelijke artikelen	articles per a la llar	*artículos domésticos, artículos para el hogar*
Huisje	caseta	*caseta*
Huisschilder	pintor (de parets)	*pintor (de brocha gorda)*
Huisvrouw	mestressa de casa	*ama de casa*
Huiswijn	vi de la casa	*vino de la casa*
Huren	llogar	*alquilar*
Huur	lloguer	*alquiler*
Huwelijk	noces, boda, casament	*boda*
Huzarensalade	ensalada russa	*ensalada rusa*

Ibiza	Eivissa	*Ibiza*
Ibiza, van	eivissenc, -a	*ibicenco, -a*
Iedere dag	cada dia	*cada día*
Ieder uur	cada hora	*cada hora*
IJs	gelat	*helado*
IJs (blokjes)	gel	*hielo*
IJsblokjes	glaçons	*cubitos de hielo*
IJscoupe	copa de gelat	*copa de helado*
IJscoupe met drie bolletjes	copa (de gelat) de tres boles	*copa (de helado) con tres bolas*
IJshockey	hoquei sobre gel, hoquei sobre patins	*hockey sobre hielo, hockey sobre patines*
IJzer	ferro	*hierro*
IJzerdraad	filferro	*alambre*
IJzerwinkel	ferreteria	*ferretería*
Ik	jo	*yo*
Ik moet kopen	he de comprar	*tengo que comprar*
Imperiaal	baca	*baca*
Inchecken	embarcar-se	*embarcarse*
Incheckkaart, instapkaart	targeta d'embarcament	*tarjeta de embarque*
Inderdaad	efectivament	*efectivamente*
In de vroege ochtend	a la matinada	*en la madrugada*
Indigestie	indigestió (f)	*indigestión (f)*
Individueel	individual	*individual*
Inenten	vacunar	*vacunar*
Infectie	infecció (f)	*infección (f)*
Informatica	informàtica	*informática*
Informaticaadviseur	assessorament	*asesoramiento*
Informatie	informació (f)	*información (f)*
Ingang	accés	*acceso*
Ingenieur	enginyer, -a	*ingeniero, -a*
In gesprek	està comunicant ocupat, comunica	*está comunicando ocupado, comunica*
Ingewanden	tripes	*tripas, callos*
Inhalen, voorlopen	avançar-se, anar avançat	*adelantar, ir adelantado*
In het centrum	al centre	*en el centro*
In het ziekenhuis opnemen	hospitalitzar	*hospitalizar*
Injectie	injecció (f)	*inyección (f)*
Injectie geven (aan iemand)	posar(-li) una injecció (a algú)	*poner (le) una inyección (a alguien)*

In kleur	de color	*de color*
Inkt	tinta	*tinta*
Inktvis	calamar(s), pop	*calamar, pulpo*
Inktvis in zijn eigen inkt	pops amb la tinta	*pulpos en su tinta*
Inlegzolen	plantilles	*plantillas*
Innen (cheque)	cobrar (un xec)	*cobrar (un cheque)*
Inpakken	embolicar	*envolver*
Inschrijven, zich	matricular-se, inscriure's	*matricularse, inscribirse*
Inschrijving	matrícula	*matrícula*
Inslapen	adormir-se	*adormecerse*
Installatie	instal·lació	*instalación*
Instapkaart	targeta d'embar-cament	*tarjeta de embarque*
Instappen, op-	pujar (a)	*subir (a)*
Instrument	instrument	*instrumento*
Intelligent	intel·ligent	*inteligente*
Intercity	(tren) exprés / directe / semidirecte / tren interurbà	*(tren) expreso / directo / semidirecte / tren interurbano*
Interessant	interessant	*interesante*
Interesse	interès	*interés*
In termijnen	a terminis	*a plazos*
Internationale vlucht	vol internacional	*vuelo internacional*
Isolatieband	cinta aïllant	*cinta aislante*
Italiaan, -se	italià, -ana	*italiano, -a*
Italiaanse lire	lira (-es) italiana (-es)	*lira(s) italiana(s)*
Italië	Itàlia	*Italia*
Ja	sí	*sí*
Jaar	any	*año*
Jacht	caça	*caza*
Jam	melmelada	*mermelada*
Jammer	llàstima	*lástima*
Januari	gener	*enero*
Japan	Japó	*Japón*
Japanner, Japanse	japonès, -esa	*japonés, -esa*
Jas	abric	*abrigo*
Jasje, colbert	jaqueta, americana	*chaqueta, americana*
Jasmijn	gessamí, llesamí	*jazmín*
Jazz-gymnastiek	gimnàstica rítmica/ esportiva	*gimnasia rítmica/ deportiva*

Jeans	pantalons, vaquers / texans	*pantalones, vaquero(s) / tejano(s)*
Jeugdherberg	alberg de joventut	*albergue de juventud*
Jeuk	picor	*picor*
Jij	tu	*tú*
Joghurt	iogurt	*yogur*
Jol 470, de 470er	vela 470, el 470	*vela 470, el 470*
Jong, jongeren	jove(s)	*joven, jóvenes*
Jongen	noi, nen	*muchacho*
Journaal	noticiari	*noticiario*
Journalist	periodista	*periodista*
Jouw	teu, teva	*tuyo, -a; tu*
Judo	judo	*judo*
Judoka	judoka	*judoka*
Juffrouw	senyoreta	*señorita*
Juli	juliol	*julio*
Juni	juny	*junio*
Jurk	vestit	*vestido*
Jury	jurat	*jurado*
Juweel	joia	*joya*
Juwelier	joieria	*joyería*
Kaal (hoofdig)	calb, -a	*calvo, -a*
Kaars	espelma	*vela*
Kaartje, visite-	targeta	*tarjeta*
Kaart, plattegrond	mapa (m), plànol	*mapa (m), plano*
Kaart spelen	jugar a les cartes	*jugar a las cartas*
Kaartvoorverkoop	venda anticipada de localitats	*venta anticipada de localidades*
Kaas	formatge	*queso*
Kaasplank	safata de formatges	*surtido de quesos*
Kabel	cable	*cable*
Kabelbaan	funicular, telefèric	*funicular, teleférico*
Kabeljauw	bacallà	*bacalao*
Kachel	estufa	*estufa*
Kade	molla	*muelle*
Kalender	calendari	*calendario*
Kalf, kalfsvlees	vedella, carn de vedella	*ternera, carne de ternera*
Kalfmedaillons	medallons de vedella	*medallones de ternera*
Kalfsrollade	rotllos de vedella	*revueltos de ternera*
Kalkoen	gall dindi	*pavo*

Kalmeringsmiddel	calmant, sedant antineuràlgic	*calmante, sedante antineurálgico*
Kam	pinta	*peine*
Kamer	habitació (f)	*habitación (f)*
Kamer (bij particulieren)	habitació privada	*habitación privada*
Kamer, salon	saló	*salón*
Kamerjas	bata	*bata*
Kamer voor twee personen	habitació per a dues persones	*habitación para dos personas*
Kammen	pentinar	*peinar*
Kamperen	acampar	*acampar*
Kampioen	campió, -ona	*campeón, -ona*
Kampioenschap	campionat	*campeonato*
Kampvuur	foguera	*hoguera*
Kanker	càncer	*cáncer*
Kanoën (in rustige wateren)	piragüisme (en aigües tranquil·les)	*piragüismo (en aguas tranquilas)*
Kanovaarder	piragüista, canoer	*piragüista, canoero*
Kantoor	oficina, escriptori	*oficina, escritorio*
Kantoorboekhandel	papereria	*papelería*
Kap (van auto)	capota	*capota*
Kapel	capella	*capilla*
Kapitein	capità	*capitán*
Kapper	perruquer,-a	*peluquero,-a*
Kapsalon	perruqueria	*peluquería*
Kapsel	tallat de cabells	*corte de pelo*
Kapstok	penjador	*colgador*
Karper	carpa	*carpa*
Kassa	caixa	*caja*
Kassier, kassière	caixer, -a	*cajero, -a*
Kast	armari	*armario*
Kastanjebruin	castany, -a	*castaño, -a*
Kasteel	castell	*castillo*
Kat	gat	*gat*
Kathedraal	catedral (f)	*catedral (f)*
Kauwgom	xiclet	*chicle, goma de mascar*
Kaviaar	caviar	*caviar*
Keel	gola	*garganta*
Keelpijn	mal de coll	*dolor de garganta*
Kegelen	joc de bitlles	*juego de bolos*
Kelner, -in	cambrer, -a	*camarero, -a*

Kennen	conèixer	*conocer*
Keramiek	ceràmica	*cerámica*
Kerk	església	*iglesia*
Kerkhof	cementiri	*cementerio*
Kers	cirera	*cereza*
Ketchup	catsup	*catsup*
Ketting	cadena, collaret	*cadena, collar*
Keuken	cuina	*cocina*
Keukengerei	bateries de cuina	*baterías de cocina*
Kies	queixal	*muela*
Kiespijn	mal de queixal	*dolor de muelas*
Kiespijn hebben	fer-li mal les dents	*dolerle las muelas*
Kiezel	galet, còdol	*guijarro*
Kiezen	triar	*escoger*
Kijken	mirar	*mirar*
Kikkererwt	cigró	*garbanzo*
Kilogram, kilo	quilogram, quilo	*kilogramo, kilo*
Kilometer	quilòmetre	*kilómetro*
Kin	barbeta	*mentón, barbilla*
Kind(eren)	nen(s)	*niño(s)*
Kinderen	fills	*hijos*
Kinderfilm	pel·lícula infantil	*película infantil*
Kinderwagen	cotxet	*cochecito*
Kinderziekte	malaltia infantil	*enfermedad infantil*
Kinkhoest	tos ferina	*tos ferina*
Kiosk	quiosc	*quiosco*
Kip	pollastre	*pollo*
Kippenhok	galliner	*gallinero*
Klant	client, -a	*cliente*
Klas	classe (f)	*clase (f)*
Kleding	roba	*ropa*
Kledingzaak	botiga de confeccions	*tienda de confecciones*
Kleedkamer	vestidor(s)	*vestuario(s)*
Kleermaker	sastre	*sastre*
Kleermakerij	sastreria	*sastrería*
Kleermakerij (voor maatkleding)	sastreria a mida	sastrería a medida
Klein	petit, -a	*pequeño, -a*
Kleindochter	néta	*nieta*
Kleine biljetten	bitllet(s) petit(s)	*billete(s) pequeño(s)*
Kleingeld	canvi, moneda fraccionària	*suelto, moneda fraccionaria*

Kleinkinderen	néts	*nietos*
Kleinzoon	nét	*nieto*
Kleur	color	*color*
Kleuterschool	parvulari	*parvulario*
Kliniek	clínica	*clínica*
Kloppen	picar	*golpear, picar*
Knap	maco, -a	*guapo, -a*
Knie	genoll	*rodilla*
Knipperlicht	intermitent	*intermitente*
Knoflook	all	*ajo*
Knoflooksaus	alliolli	*alioli*
Knock-out, k.o.	knock-out, K.O.	*knock-out, K.O.*
Knoop, knopen	botó, botons	*botón, botones*
K.O., technische	K.O. tècnic, inferioritat	*K.O. técnico, inferioridad*
Koekepan	paella	*sartén (f)*
Koekjes, biscuits	galetes, pastes seques	*galletas, pastas de té, pastas secas*
Koelkast	frigorífic, nevera	*frigorífico, nevera*
Koelvloeistof	líquid de refrigeració	*líquido de refrigeración*
Koers	rumb	*rumbo*
Koffer	maleta	*maleta*
Kofferruimte	maleter	*maletero*
Koffie	cafè	*café*
Koffie met melk	cafè amb llet	*café con leche*
Koffie- en theesalon	lleteria, granja	*lechería, granja*
Kogelslingeren	llançament de martell	*lanzamiento de martillo*
Kogelstoten	llançament de pes	*lanzamiento de peso*
Kok, kokkin	cuiner, -a	*cocinero, -a*
Koken	coure	*cocer*
Koken, bereiden	cuinar	*cocinar*
Kolf	culata	*culata*
Koliek	còlic	*cólico*
Komedie	comèdia	*comedia*
Komen	venir	*venir*
Komkommer(s)	cogombre(s)	*pepino(s)*
Konijn	conill	*conejo*
Kool	col (f)	*col (f), berza, repollo*
Koortsverdrijvend	antipirètic	*antipirético*
Kopen	comprar	*comprar*
Kopen, het	compra	*compra*

Koper, het	coure	*cobre*
Kopie	còpia	*copia*
Kopie maken	fer una còpia	*sacar una copia*
Kopje	tassa	*taza*
Koppeling	embragatge	*embrague*
Kort	curt, -a	*corto, -a*
Kort, beknopt	breu	*breve*
Kort geleden	fa poc	*hace poco*
Korting	descompte	*descuento*
Kosten	costar, valer	*costar, valer*
Kostuum	tern, vestit	*traje*
Koteletten	costelles	*chuletas*
Koud	fred, -a	*frío, -a*
Kousen	mitges (f pl)	*medias (f pl)*
Kraan	aixeta	*grifo*
Krant, dagblad	diari	*diario*
Krediet	demanar	*pedir*
Krediet, lening	crèdit, préstec	*crédito, préstamo*
Krediet geven / aanvragen	donar / demanar un crèdit	*dar / pedir un crédito*
Kreeft	cranc, llamàntol	*cangrejo, bogavante*
Kreek, inham	cala	*cala*
Krik	cric, gat	*cric, gato*
Kroeg, café	taverna	*taberna, tasca, bar*
Kroketten	croquetes	*croquetas*
Kropsla	enciam, lletuga	*lechuga*
Kruiden	condimentar	*condimentar*
Kruiden, specerijen	espècies, condiments	*especias, condimentos*
Kruier	mosso (d'equipatge)	*mozo (de equipaje)*
Kruispunt	encreuament, cruïlla	*cruce*
Kruiswoordraadsel	mots encreuats (m pl)	*crucigrama (m)*
Kubieke meter	metre cúbic	*metro cúbico*
Kubieke centimeter	centímetre cúbic	*centímetro cúbico*
Kunnen	poder	*poder*
Kunstenaar	artista	*artista*
Kunstschaatsen	patinatge artístic	*patinaje artístico*
Kunstvezel	fibra artificial	*fibra artificial*
Kurketrekker	obreampolles, tirabuixó	*sacacorchos*
Kussen	coixí	*almohada*
Kust	costa	*costa*
Kwart, een	un quart	*un cuarto*
Kwart, vierde	quart, -a	*cuarto, -a*

Kwartel	guatlla	*codorniz*
Kwartier	quart d'hora	*cuarto de hora*
Kwitantie	comprovant	*comprobante*
Laag	baix, -a	*bajo, -a*
Laarzen	botes	*botas*
Laat	tard	*tarde*
Laboratorium	laboratori	*laboratorio*
Lachen	riure	*reír*
Ladder	escala	*escalera*
Lagere school	escola primària	*escuela primeria*
Lak (haar-)	laca (per als cabells)	*laca (para el pelo)*
Laken, bedde-	llençol	*sábana*
Lam	anyell, be	*cordero*
Lamp	làmpada, llum	*lámpara*
Land	país	*pais*
Landen	aterrar	*aterrizar*
Landing	aterratge	*aterrizaje*
Landingsbaan	pista d'aterratge	*pista de aterrizaje*
Lang	llarg, -a	*largo, -a*
Lang, hoog	alt, -a	*alto, -a*
Langdurig	molt (de) temps	*mucho tiempo*
Langlaufen	esquí de travessia	*esquí de travesía*
Langlaufen, schansspringen	esquí nòrdic	*esquí nórdico*
Langoustine	llagosta	*langosta*
Langzaam	lent, -a, a poc a poc / lentament	*lento, -a, despacio / lentamente*
Lastig	pesant, pesat, -ada	*pesado, -a*
Later	després, més tard	*después, más tarde*
Laxeermiddel	laxant	*laxante*
Ledematen	extremitats (f pl)	*extremidades (f pl)*
Leeftijd	edat (f)	*edad (f)*
Leeg lopen	desinflar-se	*desinflarse*
Leegte	buit -ida	*vacío, -a*
Leer, huid, bont	pell (f)	*piel (f)*
Leerling, -e	alumne, -a, col·legial, -a	*alumno, -a, colegial, -a*
Lekke band	rebentada, punxada	*pinchazo*
Lelie	lliri blanc, assutzena	*lirio, azucena*
Lende	llom	*lomo*
Lenen	manllevar, prestar	*pedir prestado, prestar*
Lenen, uitlenen	prestar	*prestar*

Lens	lent, lentilla	*lentilla*
Lepel	cullera	*cuchara*
Leraar, lerares	professor, -a	*profesor, -a (de escuela)*
Lesmateriaal	material escolar	*material escolar*
Leven	viure	*vivir*
Leven, het	vida	*vida*
Levendig	viu, viva	*vivo, -a*
Lever	fetge	*hígado*
Lezen	llegir	*leer*
Lichaam	cos	*cuerpo*
Licht	llum	*luz*
Licht (niet zwaar)	lleuger, -a	*ligero, -a*
Liefhebber	aficionat, -ada	*aficionado, -a*
Lift	ascensor	*ascensor*
Liftbediende	grum	*botones*
Ligstoel	gandula, cadira extensible	*hamaca, silla extensible*
Lijden	sofrir, patir	*sufrir*
Lijm	cola	*cola*
Lijn	línia	*línea*
Lijn, doorlopende	línia contínua	*línea continua*
Lijn, streep	ratlla	*raya*
Lijnbus	cotxe de línia	*coche de línea*
Lijnvlucht	vol regular	*vuelo regular*
Lijst	llista	*lista*
Lijst, kozijn	marc	*marco*
Likeur	licor	*licor*
Limoen	llima	*lima*
Limonade	llimonada	*limonada*
Links	a l'esquerra	*a la izquierda*
Linnen	lli, fil, bri	*lino, hilo*
Linzenschotel	cassola de llenties	*cazuela de lentejas*
Lip(pen)	llavi(s)	*labio(s)*
Lippenstift	llapis de llavis	*lápiz de labios*
Lijm	cola	*cola*
Lijn, streep	ratlla	*raya*
Linnen	lli, fil, bri	*lino, hilo*
Liter	litre	*litro*
Literatuur	literatura	*literatura*
Locomotief	locomotora, màquina	*locomotora, máquina*
Loge	llotja	*palco*
Loket	taquilla, despatx de bitllets	*taquilla, despacho de billetes*

Loketbeambte, kaartjesverkoper	taquiller, -a	*taquillero, -a*
Long(en)	pulmó, pulmons	*pulmón, pulmones*
Longontsteking	pulmonia	*pulmonía*
Loodgieter	fontaner	*fontanero*
Loodvrije benzine	gasolina sense plom	*gasolina sin plomo*
Loopplank doorgang	passarel·la, pas superior	*pasarela, paso superior*
Lopen (sport)	marxa	*marcha*
Losschroeven	descargolar	*destornillar*
Lotion	loció (f)	*loción (f)*
Lucht	aire, aeri, aèria	*aire, aéreo, -a*
Luchtbed	matalàs pneumàtic	*colchón neumático*
Luchtbrug	pont aeri	*puente aéreo*
Luchtdruk	pressió atmosfèrica	*presión atmosférica*
Luchtdrukgeweer	carabina / fusell d'aire	*carabina / fusil de aire*
Luchtdrukpistool	pistola d'aire (comprimit)	*pistola de aire comprimido*
Luchtfilter	filtre de l'aire	*filtro de aire*
Luchtpost	correu aeri	*correo aéreo*
Luchtpost, per	per correu aeri	*por correo aéreo*
Lucifer, -s	misto(s), llumí, llumins	*cerilla(s)*
Luciferdoosje	una capsa de mistos / llumins	*una caja de cerillas*
Luid	en veu alta	*en voz alta, alto*
Luidspreker	altaveu	*altavoz*
Luisteren	escoltar	*escuchar*
Maag	estómac	*estómago*
Maagdarm-ontsteking	gastroenteritis (f)	*gastroenteritis*
Maagpijn hebben	tenir mal d'estómac	*tener dolor de estómago*
Maagzuur	ardor, cremor a l'estómac	*ardor en el estómago*
Maagzweer	úlcera gàstrica, úlcera	*úlcera gástrica, úlcera*
Maan	lluna	*luna*
Maand	mes	*mes*
Maandag	dilluns	*lunes*
Maandelijks	mensualment	*mensualmente*

Maandkaart	abonament	*abono mensual*
Maandverband	compresa	*compresa*
Maar	però, sino	*pero, sino*
Maart	març	*marzo*
Macaroni	macarrons	*macarrones*
Machtigen	autoritzar	*autorizar*
Machtiging	autorització (f)	*autorización (f)*
Magazijn	magatzem	*almacén*
Magnetronoven	forn microones	*horno microondas*
Mais	blat de moro	*maíz*
Maken, doen	fer	*hacer*
Make-up	maquillatge	*maquillaje*
Mallorca	Mallorca	*Mallorca*
Mallorca, van	mallorquí, -ina	*mallorquín, -a*
Mama	mama	*mamá*
Man	home	*hombre*
Manchetknopen	botons de puny	*gemelos (m pl)*
Mandarijn	mandarina	*mandarina*
Manicure	manicura	*manicura*
Mannelijk, voor mannen	masculí, -ina, d'homes	*masculino, -a, de hombres*
Marathon	marató (f)	*maratón*
Margarine	margarina	*margarina*
Marinade	escabetx	*escabeche*
Markt	mercat	*mercado*
Marmelade	melmelada	*mermelada*
Marsepein	massapà	*mazapán*
Masseur, masseuse	massatgista	*masajista*
Mat	estora	*estera*
Materiaal	material	*material*
Matig, redelijk	moderat	*moderado*
Matinee	matinal (f)	*matinal (f)*
Matras	matalàs	*colchón*
Maximum temperatuur	temperatura màxima	*temperatura máxima*
Mayonaise	maionesa, salsa maionesa	*mayonesa, salsa mayonesa*
Mazelen	xarampió	*sarampión*
Mecaniciën	mecànic	*mecánico*
Medaille	medalla	*medalla*
Medicijn	medicament	*medicamento*
Medicijnkistje	farmaciola	*botiquín*
Meel	farina	*harina*

Meenemen	emportar-se	*llevarse*
Meer	més	*más*
Mei	maig	*mayo*
Meisje	nena, noia	*nina, muchacha, chica*
Melk	llet (f)	*leche (f)*
Meloen	meló	*melón*
Men	hom	*uno*
Meneer	senyor	*señor*
Menigmaal	de vegades	*a veces*
Menorca	Menorca	*Menorca*
Menorca, van	menorquí, -ina	*menorquín, -a*
Menstruatie	regla, menstruació (f)	*regla, menstruación (f)*
Menu	menú	*menú*
Menukaart	carta (de plats)	*carta (de platos)*
Mes	ganivet	*cuchillo*
Messing	llautó	*latón*
Met moeite	difícilment	*difícilmente*
Metro	metre, metro	*metro*
Metro overzicht	plànol del metro	*plano del metro*
Met... sterren	de ... estrelles	*de ... estrellas*
Met vinaigrette	a la vinagreta	*a la vinagreta*
Meubel(en)	moble(s)	*mueble(s)*
Meubelwinkel	botiga de mobles	*mueblería*
Mevrouw	senyora	*señora*
Middageten, lunch	dinar, àpat	*almuerzo, comer*
's Middags	al migdia	*a(l) mediodía*
Middelbare school (HAVO of VWO)	institut (de batxillerat)	*instituto (de bachillerato)*
Middel tegen zenuwpijn	antineuràlgic	*antineurálgico*
Migraine	migranya	*jaqueca*
Mijl	llegua, milla	*legua, milla*
Mijn, van mij	meu, meva	*mío, -a; mi*
Militair, soldaat	militar, soldat	*militar, soldado*
Military (sport)	military	*military*
Miljard	mil milions	*mil millones*
Miljoen	un milió	*un millón*
Milkshake	batut	*batido*
Millimeter	milímetre	*milímetro*
Milt	melsa	*bazo*
Minder	menys	*menos*
Mineraalwater	aigua mineral	*agua mineral*

Minimum temperatuur	temperatura mínima	*temperatura mínima*
Minuut	minut	*minuto*
Misdaadfilm, detective	pel·lícula de lladres i serenos, pel·lícula policíaca	*película policíaca*
Misschien	potser	*quizás, tal vez*
Misselijkheid	mareig	*mareo*
Misselijk worden	marejar-se	*marearse*
Misselijk zijn	sentir nàusees	*tener ganas de vomitar, sentir náuseas*
Missen, ontbreken	faltar	*faltar*
Mist	boira	*niebla*
Modelbouw	modelisme	*modelismo*
Modepatronen	patrons de moda	*patrones de moda*
Moderne vijfkamp	pentatló modern	*pentatlón moderno*
Moe	cansat, -ada	*cansado, -a*
Moeder	mare (f)	*madre (f)*
Moeilijk	difícil	*difícil*
Moer	femella	*tuerca*
Moeten, verschuldigd zijn	deure	*deber*
Mond	boca	*boca*
Monument	monument	*monumento*
Mooi	bonic, -a	*hermoso, -a*
Morgen	demà	*mañana*
Mossel	musclo	*mejillón*
Mosterd	mostassa	*mostaza*
Motor	motor	*motor*
Motor(fiets)	moto (f), motocicleta	*moto (f), motocicleta*
Motorboot	motora	*motora*
Motorcross	motocross	*motocross*
Motorkap	capot	*capó*
Motorschip	motonau (f)	*motonave (f)*
Motorsport	motorisme	*motorisme*
Munt	moneda	*moneda*
Museum	museu	*museo*
Musicus	músic, -a	*músico, -a*
Muts, pet	gorra	*gorro, gorra*
Muziek	música	*música*
Muziek-instrumenten	instruments musicals	*instrumentos musicales*

Naaien	cosir	*coser*
Naaimachine	màquina de cosir	*máquina de coser*
Naaister	modista	*modista*
Naald	agulla	*aguja*
Naam	nom	*nombre*
Naamdag	onomàstic, el sant	*el santo onomástico*
Naamval, eerste	nominatiu, -iva	*nominativo, -a*
Naar achter	endarrere, enrere	*atrás*
Naar beneden	avall	*hacia abajo*
Naar school gaan	anar a l'escola	*ir a la escuela*
Nacht	nit (f)	*noche (f)*
Nachtbus	línia nocturna	*línea nocturna*
Nachtclub	club nocturn	*night club, club*
Nachthemd	camisa de dormir	*camisa de dormir, camisón*
Nachtkastje	tauleta de nit	*mesita de noche*
Nachttarief	tarifa nocturna	*tarifa nocturna*
's Nachts	de nit	*de noche*
Nachtvoorstelling	sessió (f) de matinada	*sesión (f) de madrugada*
Naderen	acostar-se, apropar-se	*acercarse*
Nagellak	laca, esmalt	*laca, esmalte*
Nagellak-remover	dissolvent per a les ungles	*quitaesmalte, disolvente para las uñas*
Nagerecht	postres (f pl)	*postre*
Nagerechten en zoetwaren	postres i plats dolços	*postres y platos dulces*
Namiddag	tarda	*tarde*
Namiddag, in de	a la tarda	*por la tarde*
Nationale (Spaanse) identiteitsbewijs	document nacional d'identitat (DNI)	*documento nacional de identidad (D.N.I.)*
Nationaliteit	nacionalitat (f)	*nacionalidad (f)*
Naturel	al natural	*al natural*
Natuurlijk	naturalment	*naturalmente*
Nederlaag	derrota	*derrota*
Nee	no	*no*
Neef	nebot	*sobrino*
Neef, neven	cosí, cosins	*primo(s)*
Neerleggen	posar	*meter*
Negatief	negatiu	*negativo*
Negen	nou	*nueve*
Negende	novè, -ena	*noveno, -a*
Negenhonderd	nou-cents, -centes	*novecientos, -as*

Negentien	dinou	*diecinueve*
Negentig	noranta	*noventa*
Nemen	agafar	*tomar, coger*
Nergens	enlloc	*en ninguna parte*
Nerveus, **nerveus zijn**	nerviós, -osa, estar nerviós	*nervioso, -a, estar nervioso*
Neus	nas	*nariz*
Neusdruppels	gotes per al nas	*gotas para la nariz*
Nicht	cosina, neboda	*prima, sobrina*
Nier(en)	ronyó, ronyons	*riñón, riñones*
Nierontsteking	nefritis (f)	*nefritis (f)*
Niersteen, nierstenen	càlcul(s) renal(s) / nefrític(s)	*cálculo(s) renal(es) / nefrítico(s)*
Niet	no	*no*
Niet roken afdeling / wagon	compartiment / vagó per a no fumadors	*departamento / coche para no fumadores*
Niets	res	*nada*
Nieuw	nou, -ova	*nuevo, -a*
Nodig hebben	necessitar	*necesitar*
Nog een keer	una altra vegada	*otra vez más*
Nog niet	encara no	*todavía no*
Non-Stop-Voorstelling	sessió (f) contínua	*sesión (f) continua*
Noodgevallen	urgències	*urgencias*
Nooduitgang	sortida d'emergència	*salida de emergencia*
Nooit	mai	*nunca, jamás*
Noorden	nord	*norte*
Notaris	notari	*notario*
November	novembre	*noviembre*
Nu	ara	*ahora*
Nul	zero	*cero*
Nummerbord	matrícula	*matrícula*
Nummer van (Spaanse) identiteitsbewijs	número de DNI	*número de D.N.I.*
Objectief	objectiu	*objetivo*
Ochtend, de	matí	*mañana*
Ochtendjas	bata	*bata*
's Ochtends	al matí	*por la mañana*
Oefening	exercici	*ejercicio*
Oester(s) (verse)	ostra, ostres (vives)	*ostra, ostras (vivas)*

Oever	vora	*orilla*
Of	o	*o*
Officiële openings-ceremonie	inauguració oficial	*inauguración oficial*
Oké	bé	*bien*
Oktober	octubre	*octubre*
Olie	oli	*aceite*
Oliefilter	filtre de l'oli	*filtro del aceite*
Oliekannetje	setrill	*aceitera*
Olie verwisselen	canvi d'oli	*cambio de aceite*
Olijven (groene, zwarte)	olives (verdes, negres)	*aceitunas (verdes, negras)*
Olympiade	olimpíada	*olimpiada*
Olympisch kampioen(e)	campió, -ona olímpic, -a	*campeón, -ona olímpico, -a*
Olympisch record	rècord olímpic	*récord olímpico*
Olympisch dorp	vila olímpica	*villa olímpica*
Olympisch schieten	tir olímpic	*tiro olímpico*
Olympische Spelen	Jocs Olímpics (JJOO)	*Juegos Olímpicos (J.J.O.O.)*
Oma	àvia	*abuela*
Omdat	perquè	*porque*
Omelet (naturel)	truita (a la) francesa	*tortilla (a la) francesa*
Omelet met ham	truita de pernil	*tortilla de jamón*
Om middernacht	a mitjanit	*a medianoche*
Omvallen	bolcar	*volcar(se)*
Onbewolkt	clar	*despejado*
Onderbreken (het gesprek)	interrompre's / tallar-se la comunicació	*interrumpirse / cortarse la comunicación*
Onderdak	allotjament	*alojamiento*
Onderhouden	mantenir	*mantener*
Ondernemer	empresari, -ària	*empresario, -a*
Ondertekenen	firmar, signar	*firmar*
Ondertussen	mentrestant	*mientras tanto*
Onderwijs	ensenyament	*enseñanza*
Onderwijzen	ensenyar	*enseñar*
Onderwijzer	mestre, -a (d'escola)	*maestro, -a*
Onderzoeken (arts)	examinar, fer(-li) una visita	*examinar, hacer(le) una visita*
Ongefrankeerd versturen	enviar sense franqueig	*enviar sin franqueo*

Ongehuwd	solter, -a	*soltero, -a*
Ongelijke brug (sport)	barres asimètriques	*barras asimétricas*
Ongeluk	accident	*accidente*
Ongelukkigerwijs	dissortadament, malauradament	*desgraciadamente*
Ongetwijfeld	indubtablement	*indudablemente*
Ons, onze	nostre, -a	*nuestro, -a*
Ontbijt	esmorzar, desdejuni	*desayuno*
Ontbijten	esmorzar	*desayunar*
Ontmoeten, elkaar	trobar-se	*encontrarse*
Ontsteker	clau d'encesa	*llave del encendido*
Ontsteking	inflamació (f)	*inflamación (f)*
Ontvangen	rebre	*recibir*
Ontvangstbewijs	avís de recepció	*aviso de recibo*
Ontwaken	despertar-se	*despertarse*
Ontwikkelen	revelar	*revelar*
Ontwrichten, verstuiken	dislocar -se, desllorigar -se	*dislocar dislocarse*
Onweersbui	tempesta, tempestat (f)	*tormenta*
Onwel voelen, zich	trobar-se/sentir-se malament	*encontrarse / sentirse mal*
Oog, ogen	ull(s)	*ojo(s)*
Oog-	òptic, -a	*óptico, -a*
Oogdruppels	gotes per als ulls, col·liri	*gotas para los ojos, colirio*
Oogschaduw	ombra d'ulls, ombrejador	*sombra de ojos*
Oogwater	col·liri	*colirio*
Ook	també	*también*
Oom	oncle(s)	*tío(s)*
Oor, oren	orella, orelles	*oreja(s)*
Oorbel(len)	arracada(-es)	*pendiente(s), arracada(s)*
Oorontsteking	otitis (f)	*otitis (f)*
Oost	est	*este*
Opa	avi	*abuelo*
Opbellen	trucar per telèfon	*llamar por teléfono*
Opblaasboot	bot pneumàtic	*bote neumático*
Opblazen	inflar	*hinchar*
Openbaar	públic, -a	*público, -a*
Openbaar vervoer	transport públic	*transporte público*
Openbare telefoon	telèfon públic	*teléfono público*

Openen	obrir	*abrir*
Openluchttheater	teatre a l'aire lliure	*teatro al aire libre*
Opera	òpera	*ópera*
Operatie	operació (f)	*operación (f)*
Opereren	operar	*operar*
Ophalen	recollir	*recoger*
Ophangen	penjar	*colgar*
Opheffen	aixecar	*levantar*
Opklapbed	llitera	*litera*
Op krediet	a crèdit	*a crédito*
Opleidingsniveau	nivell d'instrucció	*nivel de instrucción*
Opnemen (geld)	treure (diners), retirar, recollir	*sacar (dinero), retirar, recoger*
Opnemen (telefoon)	despenjar	*descolgar*
Oppompen van banden	equilibrat de pneumàtics	*equilibrado de neumáticos*
Opschrift	rètols	*letreros*
Opstaan	aixecar-se	*levantarse*
Opstappen, instappen	agafar, prendre, pujar a	*tomar, subir a*
Opstijgen	envolar-se	*despegar*
Opstijgen, het	envol	*despegue*
Opticiën (winkel)	òptica	*óptica*
Op tijd	a temps	*a tiempo*
Opvullen	omplir, emplenar	*rellenar*
Opwinden (horloge)	donar-li corda (al rellotge)	*darle cuerda (al reloj)*
Oranje	ataronjat, -ada	*(a)naranjado, -a*
Oranje (verkeers-licht)	llum groga	*luz amarilla*
Orchidee	orquídia	*orquidea*
Organisator	organitzador	*organizador*
Originele versie	versió (f) original, V.O.	*versión (f) original, V.O.*
Originele versie met ondertiteling	versió original subtitulada V.O.	*versión original subtitulada V.O.*
Orkest	orquestra	*orquesta*
Os	bou	*buey*
Oud	vell -a	*viejo, -a, mayor*
Oud (vroeger)	antic, -iga, vell, -a	*antiguo, -a, viejo, -a*
Ouders	pares	*padres*
Oven	forn	*horno*
Overal	pertot, pertot arreu	*en / por todas partes*

Overal pijn hebben	malestar general	*malestar general*
Overdag	de dia	*de día*
Overdekt	tapat, -ada	*cubierto, -a*
Over een uur	d'aquí a una hora	*dentro de una hora*
Over een week	d'avui en vuit	*de aquí a ocho días*
Overgeven, braken	vomitar	*vomitar*
Overgewicht (bagage)	excés d'equipatge	*exceso de equipaje*
Overhemd	camisa	*camisa*
Overmorgen	demà passat	*pasado mañana*
Overnachten	pernoctar, allotjar-se	*pernoctar, alojarse*
Overrijden	atropellar	*atropellar*
Overschrijving	transferència	*transferencia*
Oversteken	travessar	*atravesar*
Overstappen	fer transbord, transbord, transbordar	*transbordar, hacer transbordo, transbordo*
Overstappen (trein)	canviar de tren	*cambiar de tren*
Overtocht	passatge	*pasaje*
Overvallen	atracar	*atracar*
Overwinning	victòria	*victoria*
Paar, een	un parell de	*un par de*
Paar, tweetal	dobles, parelles d'impostos	*dobles, parejas impuestos*
Paard, paarde-vlees	cavall, carn de cavall	*caballo, carne de caballo*
Paardesport	hípica	*hípica*
Paardesprong	salt de cavall	*salto de caballo*
Paars	violeta	*violeta*
Paar schoenen	un parell de sabates	*un par de zapatos*
Paddestoel	bolet	*seta*
Paella	arròs a la cassola, paella	*paella*
Pakje	petit paquet	*pequeño paquete*
Pakje sigaretten	un paquet de cigarretes	*un paquete de cigarrillos*
Pakket (groot)	paquet, capsa	*paquete, caja*
Pakket (klein)	paquet	*paquete*
Pakket (post)	paquet (postal)	*paquete (postal)*
Pakket, zending	paquet, tramesa	*paquete, envío*
Paleis	palau	*palacio*
Pan	olla	*olla*

Paneermeel	pa ratllat	*pan rallado*
Pantoffels	sabatilles	*zapatillas*
Papa	papa	*papá*
Papier	paper	*papel*
Paprika	pebrot	*pimiento*
Paprikapoeder	pebre vermell	*pimentón*
Parachute	paracaiguda (m)	*paracaídas*
Parachutespringen	paracaigudisme	*paracaidismo*
Paraplu	paraigua	*paraguas*
Parasol	para-sol	*parasol, sombrilla*
Pardon	perdó, perdoni'm	*perdón, perdóneme*
Parfum	perfum	*perfume*
Parfumerie	perfumeria	*perfumería*
Park	parc	*parque*
Park, openbaar	jardí públic	*jardín público*
Parkeerplaats	pàrking	*parking*
Parkeren	aparcar	*aparcar*
Parket, parterre	platea, pati de butaques	*platea, patio de butacas*
Parlement	parlament	*parlamento*
Partij, spelletje kaart	partida	*partida*
Pasfoto	foto-carnet (f)	*foto-carné (f)*
Paspoort	passaport	*pasaporte*
Paspoortcontrole	control de passaports	*control de pasaportes*
Paspoortnummer	número de passaport	*número de pasaporte*
Passagier	passatger	*pasajero*
Passagierscabine	cabina de passatge	*cabina de pasaje*
Pasta- en rijstgerechten	pastes i arrossos	*pastas y arroces*
Pastei, taart	pastís	*pastel, tarta*
Paté	paté	*paté*
Paté, foie gras	paté, foie gras	*paté, foie gras*
Pedaal	pedal	*pedal*
Pedicure	pedicura	*pedicura*
Peer	pera	*pera*
Pensioen	pensió (f)	*pensión (f)*
Pension	fonda, posada	*fonda, posada*
Peper	pebre	*pimienta*
Permanent	permanent (f)	*permanente (f)*
Per normale post versturen	enviar per correu ordinari	*enviar por correo ordinari*

Perron	andana	*andén*
Persoonsgegevens	dades personals	*datos personales*
Per trein reizen	viatjar amb tren	*viajar en tren*
Perzik	préssec	*melocotón*
Peterselie	julivert	*perejil*
Pick-up	tocadiscos, giradiscos	*tocadiscos*
Pier (vliegveld)	porta d'embarcament	*puerta de embarque*
Pijn	mal, dolor (m / f)	*dolor*
Pijn doen	fer mal, fer-li mal	*doler, dolerle*
Pijp	pipa	*pipa*
Pijp roken	fumar pipa	*fumar pipa*
Pijptabak	tabac de pipa	*tabaco de pipa*
Pikant, scherp	picant	*picante*
Piloot	pilot	*piloto*
Piste	pista	*pista*
Pistool	pistola	*pistola*
Pizza	pizza	*pizza*
Plaat, discus	disc	*disco*
Plaats	lloc	*lugar*
Plaatsaanwijzer	acomodador	*acomodador*
Plaatsreservering	reserva de plaça	*reserva de plaza*
Plaats van bestemming	lloc de destinació	*lugar de destino*
Plakken	enganxar	*pegar*
Plakmiddel	goma d'enganxar	*pegamento*
Plastic tasje	bossa (de plàstic)	*bolsa (de plástico)*
Platenzaak	botiga de discos, discos	*tienda de discos, discos*
Platteland, veld	camp	*campo*
Plattegrond	plànol	*plano*
Platteland, veld	camp	*campo*
Plein	plaça	*plaza*
Pleister	tireta	*tirita*
Plicht	deure	*deber*
Plomberen	empastar, obturar	*empastar, obturar*
Plotseling remmen	frenada brusca	*frenazo*
Poeder	pólvores	*polvos*
Poelier	polleria	*pollería, aves*
Poëzie	poesia	*poesía*
Polis	pòlissa	*póliza*
Polikliniek	policlínica, dispensari	*policlínica, dispensario*
Politie	policia	*policía*

Politieagent, guardia	policia, guàrdia	*policía, guardia*
Polo	polo	*polo*
Pols opnemen	prendre(-li) / veure(-li) el pols	*tomar(le) / ver(le) el pulso*
Polsstoksringen	salt amb perxa	*salto de pertiga*
Polsstokhoog - spring(st)er	saltador, -a de palanca	*saltador, -a de palanca*
Pomp (lucht)	bomba d'aire, bomba d'inflar	*bomba de aire bomba de hinchar*
Pond (in Spanje 400 g)	lliura (400 grs)	*libra (400 grs)*
Pond Sterling	lliura (-es) esterlina (-es)	*libra(s) esterlina(s)*
Pont	transbordador	*transbordador*
Pop	nina	*muñeca*
Pornobioscoop	sala X (ics)	*sala X (equis)*
Porselein	porcellana	*porcelana*
Portefeuille	carter, -a	*cartero, -a*
Portemonnee	portamonedes, cartereta	*portamonedas, monedero*
Portier, conciërge	porter, -a, conserge	*portero, -a, conserje*
Porto	franqueig	*franqueo*
Post	correu, correus	*correo, correos*
Postbus	apartat de correus	*apartado de correos*
Postcode	codi postal	*código postal*
Postgiro	gir postal	*giro postal*
Postkantoor	oficina de correus	*oficina de correos*
Poste restante	llista de correus	*lista de correos*
Poststempel	matasegells	*matasellos.*
Postzegel	segell	*sello*
Postzgelverkoop	venda de segells	*venta de sellos*
Postzegelverkoper	venedor / expenedor de segells	*expendedor de sellos*
Precies	exactament	*exactamente*
Precies (bijv. nw.)	exacte, -a	*exacto, -a*
Première	estrena	*estreno*
President, -e	president, -a	*presidente, -a*
Presidentiële loge	llotja presidencial	*palco presidencial*
Prijs	preu	*precio*
Prijslijst	llista de preus	*lista de precios*
Proberen	tastar	*probar*
Proef	assaig	*ensayo*
Programma	programa (m)	*programa (m)*

Programma-overzicht, agenda	cartellera, agenda	*cartelera, agenda*
Proost!	salut!	*¡salud!*
Protesteren	protestar	*protestar*
Prothese	pròtesi (f)	*prótesis (f)*
Pruim	pruna	*ciruela*
Pudding	púding	*púding / pudín / budín*
Pullover, trui	pul·lòver, jersei	*pullover, jersei*
Punaise	xinxeta (-es)	*chinche (f), chinches, chincheta(s)*
Punctueel	puntual	*puntual*
Punt	punt	*punto*
Pyjama	pijama (m)	*pijama (m)*
Quarz hologe	rellotge de quars	*reloj de cuarzo*
Raadplegen	consultar	*consultar*
Raam	finestra	*ventana*
Raam, ruit	vidre	*cristal*
Raam en kozijn	vidres i marcs	*vidrios y marcos*
Raampje	finestreta	*ventanilla*
Radiator	radiador	*radiador*
Radio	ràdio (f)	*radio (f)*
Radio (toestel)	ràdio, aparell de ràdio	*radio, aparato de radio*
Ragôut	ragout	*ragout*
Ram, schaap	moltó, xai	*carnero*
Rammenas	rave	*rábano*
Recept	recepta	*receta*
Receptie	recepció (f)	*recepción (f)*
Rechtdoor	(tot) recte	*(todo) derecho*
Rechts	a la dreta	*a la derecha*
Rechtstreekse lijn	línia directa / exterior	*línea directa / exterior*
Reclameren, eisen	reclamar	*reclamar*
Record	rècord	*récord, marca, plusmarca*
Record vestigen	batre (un rècord)	*batir (un récord)*
Reddingsboot	bot salvavides	*bote salvavidas*
Reddingsvest	salvavides	*salvavidas*
Reeds, al	ja	*ya*
Regel	regle	*regla*
Regen	pluja	*lluvia*

Regenachtig	plujós	*lluvioso*
Regenen	ploure	*llover*
Regenjas	gavardina	*gabardina*
Registratie (politie)	fitxa (de policia)	*ficha (de policía)*
Reisbiljet	bitllet, passatge	*billete, pasaje*
Reischeque	xec de viatge	*cheque de viaje*
Reistas	bossa de viatge	*bolsa de viaje*
Reiswoordenboek	diccionari turístic	*diccionario turístico*
Reizen	viatjar	*viajar*
Reizend	viatger	*viajero*
Reiziger, -ster	viatger, -a	*viajero, -a*
Rekening	compte (m), factura	*cuenta, factura*
Rekening-courant	compte corrent	*cuenta corriente*
Rekening-courant openen	obrir un compte corrent	*abrir una cuenta corriente*
Rekeningstand	estat de compte	*estado de cuenta*
Rekenmachine	calculadora	*calculadora*
Rekstok	barra fixa	*barra fija*
Remmen	frenar	*frenar*
Remmen, het	frenada	*frenazo*
Remvloeistof	líquid de frens	*líquido de frenos*
Renbaan	curses de pista	*carreras de pista*
Rennen	córrer	*correr*
Rennen, race	carrera	*carrera*
Rentevoet	tipus d'interès	*tipo de interés*
Reparatie	reparació (f)	*reparación (f)*
Reparaties, eenvoudige	adobs casolans	*reparaciones sencillas*
Reparatie van horloges	reparació de rellotges	*reparación de relojes*
Reparatie van huish. apparaten	reparació d'electrodomèstics	*reparación de electrodomésticos*
Reparaties: water, gas, electriciteit	reparacions: aigua, gas, electricitat	*reparaciones: agua, luz, electricidad*
Reparatie-werkplaats	taller de reparacions	*taller de reparaciones*
Repareren	reparar	*reparar*
Reprise	reestrena	*reestreno*
Reserveonderdeel	peça de recanvi	*pieza de repuesto*
Reserveren	reservar	*reservar*
Reservesleutels	duplicat de claus	*duplicado de llaves*
Reservewiel	roda de recanvi	*rueda de repuesto, rueda de recambio*

Restaurant	restaurant	*restaurante*
Restauratiewagen	vagó-restaurant, vagó-bar	*coche restaurante, coche bar*
Resultaat	resultat	*resultado*
Retoucheren	retocar	*retocar*
Reumatiek, reuma	reumatisme, reuma (m)	*reumatismo, reuma, reúma (m)*
Reuzel, vet	llard, sagí	*manteca, grasa*
Revanche	desquit	*desquite*
Riem	corretja	*correa*
Rij	fila	*fila*
Rijbewijs	permís de circulació, permís de conducció	*permiso de circulación, carné / permiso de conducir*
Rijk	ric, -a	*rico, -a*
Rijst	arròs	*arroz*
Rijstepudding	arròs amb llet	*arroz con leche*
Rijstrook	via	*vía, carril*
Ring	anelles	*anillas*
Ring (vinger)	anell	*anillo*
Ringweg	cinturó, cinyell	*cinturón*
Ritssluiting	cremallera	*cremallera*
Rivier	riu	*río*
Rode hond	rubèola	*rubola / rubéola*
Rode kruis	Creu Roja	*Cruz Roja*
Rode wijn	vi negre	*vino tinto*
Roeien	rem	*remo*
Roeier, -ster	remador, -a	*remero, -a*
Roeier, zeiler	regatista	*regatista*
Roerei	ous remenats	*huevos revueltos*
Rok	faldilla	*falda*
Roken	fumar	*fumar*
Roken (sigaretten)	fumar (cigarretes)	*fumar (cigarrillos)*
Roker	fumador, -a	*fumador, -a*
Rokersafdeling, -wagon	compartiment / vagó per a fumadors	*departamento / coche para fumadores*
Rol	rodet	*rollo*
Rolschaatsen	patinatge sobre rodes	*patinaje sobre ruedas*
Roltrap	escala mecànica	*escalera mecánica*
Roman	novel·la	*novela*
Ronde (sport)	ronda	*ronda*
Röntgenfoto (laten) maken	fer(-li) una radiografia	*hacer(le) una radiografía*

Rood	vermell, -a, roig, -oja	*rojo, -a*
Rood (verkeerslicht)	llum vermella	*luz roja*
Roodvonk	escarlatina	*escarlatina*
Rook	fum	*humo*
Room	crema de llet	*crema de leche*
Roos	rosa	*rosa*
Rosbief	rosbif	*rosbif*
Rots	roca	*roca*
Roze, rosé (wijn)	rosat, -ada	*rosado, -a*
Rozijn	pansa	*uva pasa*
Rug	esquena	*espalda*
Rugby, Am. voetbal	rugbi, futbol americà	*rugby, fútbol americano*
Rugzak	motxilla	*mochila*
Rugzwemmen	esquena, estil d'esquena	*espalda, estilo de espalda*
Ruitenwissers	eixugaparabrisa (m)	*limpiaparabrisas (m)*
Ruiter	genet	*jinete*
Rum	rom	*ron*
Rundvlees	carn de bou	*carne de res*
Rus, Russische	rus, -ussa	*ruso, -a*
Rustig	tranquil·lament, tranquil, -il·la	*tranquilamente, tranquilo, -a*
Salade	amanides	*ensaladas*
Sanatorium	sanatori	*sanatorio*
Sandalen	sandàlies	*sandalias*
Sangria	sangria	*sangría*
Sap	suc	*zumo*
Sardien	sardina	*sardina*
Schaakspel	escacs (m pl)	*ajedrez*
Schaak spelen	jugar als escacs	*jugar al ajedrez*
Schaal, ladder	escala	*escala*
Schaaldier, schelpdier	marisc	*marisco*
Schaap	ovella, xai	*oveja*
Schaar	tisores (f pl)	*tijeras (f pl)*
Schaatsen	patinatge	*patinaje*
Schade	dany, desperfecte	*daño, desperfecto*
Schaduw	ombra	*sombra*
Schakelaar	interruptor	*interruptor*
Schakelen (auto)	canvi de marxes	*cambio de marcha*
Scheerapparaat	maquineta (d'afaitar)	*maquinilla (de afeitar)*

Scheermesje	fulla d'afaitar	*hoja de afeitar*
Scheerschuim	crema / escuma d'afaitar	*crema / espuma de afeitar*
Scheiden	divorciar-se	*divorciarse*
Scheidsrechter	àrbitre, jutge	*árbitro, juez*
Schelpdieren, salade van	amanida / còctel de marisc	*ensalada / cóctel de mariscos*
Schelpdieren, soep van	sopa de marisc	*sopa de marisco*
Scheren (zich)	afaitar(-se)	*afeitar(se)*
Schermen	esgrima (de sabre), esgrima de floret, esgrima d'espasa	*esgrima (de sable), esgrima de florete, esgrima de espada*
Schietbaan	camps de tir	*campos de tiro*
Schieten (sport)	tir (esportiu)	*tiro (deportivo)*
Schilder	pintor	*pintor*
Schilderen	pintar	*pintar*
Schilderij	quadre	*cuadro*
Schip	vaixell	*barco*
Schnitzel	escalopa	*escalope*
Schoenborstel	raspall per a les sabates	*cepillo de/para los zapatos*
Schoencrème	betum, crema	*betún, crema*
Schoenen	sabates, calçat	*zapatos, calzado*
Schoenen van linnen, touwschoenen	sabates de tela, espardenyes	*zapatos de tela, alpargatas*
Schoenenwinkel	sabateria, calçat	*zapatería, calzado*
Schoenlepel	calçador	*calzador*
Schoenmakerij	reparació de calçat	*reparación de calzado*
Schokbreker	amortidor	*amortiguador*
Scholier	escolar, alumne	*escolar, alumno*
School	escola, col·legi	*escuela, colegio*
Schooljaar	any escolar	*año escolar*
Schoolslag	braça, estil braça	*braza, estilo braza*
Schoon	net, -a	*limpio, -a*
Schoonheidssalon	saló de bellesa	*salón de belleza*
Schoonheids-specialiste	esteticista	*esteticista*
Schoonmaak	neteja	*limpieza*
Schoonmaak, wassen	netejar, rentar	*limpiar, lavar*
Schoonmaak-middelen	articles de neteja	*artículos de limpieza*

Schoonmoeder	sogra	*suegra*
Schoonvader, (-ouders)	sogre(s)	*suegro(s)*
Schouder	espatlla	*hombro, paletilla*
Schrift	quadern, llibreta	*cuaderno, libreta*
Schrijven	escriure	*escribir*
Schrijver	escriptor, -a	*escritor, -a*
Schroef	cargol	*tornillo*
Schroevendraaier	tornavís	*destornillador*
Schudden, hobbelen	sotraguejar, fer sotragades	*dar sacudidas*
Schutter	tirador, -a	*tirador, -a*
Scooter	scooter	*escúter*
Score	puntuació	*puntuación*
Scorebord	marcador	*marcador, tanteador*
Seconde	segon	*segundo*
Secretaris, -esse	secretari, -ària	*secretario, -a*
Seizoenskaart	abonament, passi temporal	*abono temporal, pase*
Selderij	api	*apio*
Semester	semestre	*semestre*
Sepia	sípia, sèpia	*sepia, jibia*
September	setembre	*setiembre*
Serum	sèrum	*suero*
Serveren / dienen	servir	*servir*
Servet	tovalló	ser*villeta*
Servicestation	estació de servei	*estación de servicio*
Shampoo	xampú, rentat de cabells	*champú, lavado de cabeza*
Sigaar, sigaren	cigar(s)	*puro(s), cigarro(s)*
Sigaret	cigarreta	*cigarrillo*
Sigaretten, milde / lichte	cigarretes suaus / rosses	*cigarrillos suaves / rubios*
Sigaretten, zware	cigarretes fortes / negres	*cigarrillos fuertes / negros*
Sinaasappel	taronja	*naranja*
Sinaasappel-limonade	taronjada	*naranjada*
Sinaasappelsap	suc de taronja	*zumo de naranja*
Sinds	des de	*desde*
Sinds lang	(des de) fa molt	*(desde) hace mucho*
Siroop	xarop	*jarabe*
Sjaal	bufanda	*bufanda*

Ski	esquí	*esquí*
Skiff, éénzitter	monoplaça	*monoplaza*
Slaapmiddel	somnífer	*somnífero*
Slaapwagon	vagó-llit	*coche cama*
Slaapzak	sac de dormir	*saco de dormir*
Slagader(s)	artèria, artèries	*arteria(s)*
Slager	carnisser	*carnicero*
Slagerij	carnisseria	*carnicería*
Slak(ken)	cargol(s)	*caracol(es)*
Slalom	eslalom	*eslalon / slalon*
Slalom in wildwater	eslalom en aigües vives	*slalon en aguas bravas*
Slalom, reuze-	eslalom, eslalom gegant	*eslalon / slalon gigante*
Slank, dun	prim, -a	*delgado, -a, fino, -a*
Slapen	dormir	*dormir*
Slapeloosheid	insomni	*insomnio*
Slecht	mal, malament, dolent, -a	*mal, malo, -a*
Sleutel	clau (f)	*llave (f)*
Slipjes (dames)	calces, bragues (f pl)	*bragas (f pl)*
Slipjes (heren)	calçotets (f pl), eslip	*calzoncillos (m pl) slip*
Slippen	patinar, relliscar	*patinar, resbalar*
Slotemaker	manyà	*cerrajero*
Sluiten	tancar	*cerrar*
Sluitings-ceremonie	clausura	*clausura*
Smakelijk	gustós, -osa	*gustoso, -a*
Smakeloos	insípid, -a	*insípido, -a*
Smal, nauw	estret, -a	*estrecho, -a*
Smerig	brut, -a	*sucio, -a*
Snee, wond	tall, ferida	*corte, herida*
Sneeuw	neu (f)	*nieve (f)*
Snel	prompt, -e, ràpid, -a ràpidament, de pressa	*rápido, -a rápido, rápidamente*
Snelheid	velocitat	*velocidad*
Snelheid minderen	reduir la velocitat	*reducir la velocidad*
Snelheidslimiet	límit de velocitat	*límite de velocidad*
Snelheidsmeter	velocímetre	*velocímetro*
Snelheids-overschrijding	excés de velocitat	*exceso de velocidad*
Snelschietpistool	pistola de tir ràpid	*pistola de tiro rápido*

Sneltrein	(tren) ràpid	*(tren) rápido*
Snelwandelen	marxa	*marcha*
Snelweg	autopista	*autopista*
Snijden, zich	tallar(-se)	*cortar(se)*
Snoepjes	caramels, confits	*caramelos, confites*
Snor	bigoti(s)	*bigote(s)*
Soda, spuitwater	soda, aigua de sifó	*soda, agua seltz / de sifón*
Soepen	sopes	*sopas*
Soep met balletjes	sopa de mandonguilles	*sopa de albóndigas*
Sok, -ken	mitjó, mitjons (m pl)	*calcetín(es) (m pl)*
Soling	soling	*soling*
Souvenir	records	*recuerdos*
Sowjet Unie	Unió Soviètica	*Unión Soviética*
Spaanse peseta(s)	pessetes espanyoles	*peseta(s) española(s)*
Spaanse spoorweg-maatschappij	RENFE (f)	*RENFE (f)*
Spaarbank	caixa d'estalvis	*caja de ahorros*
Spaarbankboekje	llibreta d'estalvis	*libreta de ahorros*
Spaghetti	espaguetis	*espaguetis*
Spanjaard, Spaanse	espanyol, -a	*español, -a*
Spanje	Espanya	*España*
Spannen	tibar	*tensar*
Spatbord	parafang	*guardabarros*
Specialist	especialista	*especialista*
Speedbootracen	motonàutica	*motonáutica*
Speelfilm	llarg-metratge	*largometraje*
Speelgoedauto op batterijen	cotxe de piles	*coche de pilas*
Speelgoedwinkel	botiga de joguines, joguines	*juguetería*
Speelhal, speelzaal	sala de jocs, saló recreatiu	*sala de juegos, salón recreativo*
Speelkaarten	cartes, baralla de cartes	*cartas*
Speenvarken	porcell, garrí	*lechón, cochinillo*
Speerwerpen	tir a la javalina, llançament de javelina	*tiro a la jabalina, lanzamiento de jabalina*
Spek	cansalada	*tocino*
Spel	joc	*juego*
Spel, wedstrijd	partit	*partido*

Speld	agulla de cap	*alfiler*
Spelen	jugar	*jugar*
Sperziebonen	mongetes tendres	*judías verdes, vainas*
Spiegel	mirall	*espejo*
Spiegeleieren	ous ferrats	*huevos fritos*
Spinazie	espinac	*espinaca*
Spitsuur, -uren	hores (f pl), punta	*horas (f pl), punta*
Splitsing	bifurcació	*bifurcación*
Spoorweg	ferrocarril	*ferrocarril*
Spoorweg-	ferroviari	*ferroviario*
Spoorwegbeambte	guia de ferrocarrils	*guía de ferrocarriles*
Spoorwegovergang	pas a nivell	*paso a nivel*
Sport	esport	*deporte*
Sportartikelen	articles d'esport	*artículos de deporte*
Sport beoefenen, een	practicar un esport	*practicar un deporte*
Sportbenodigdheden	articles d'esport	*artículos de deporte*
Sporthal	pavelló d'esports, palau d'esports	*pabellón de deportes, palacio de deportes*
Sportief	esportiu, -iva	*deportivo, -a*
Sportklassement	modalitat (f)	*deporte, modalidad (f)*
Sportman, -vrouw	esportista(-es)	*deportista(s)*
Sportschoenen	sabates esportives	*zapatos deportivos*
Sportvliegen	aviació f esportiva	*aviación (f) deportiva*
Spreekuur	consulta, hores de consulta	*consulta, horas de consulta*
Spreken	parlar,	*hablar*
Springen	saltar	*saltar*
Springconcours	concurs de salts	*concurso de saltos*
Springsport	salt d'obstacles	*salto de obstáculos*
Staal	acer	*acero*
Staanplaats	localitats de peu	*localidades de (a) pie*
Staatshotel	parador	*parador*
Stad	ciutat (f)	*ciudad (f)*
Stadhuis	ajuntament	*ayuntamiento*
Stadion	estadi	*estadio*
Stadsplattegrond	plànol de la ciutat	*plano de la ciudad*
Standbeeld	estàtua	*estatua*
Standaardpistool	pistola estàndard	*pistola estándar*
Starten (auto)	arrencar, engegar	*arrancar*
Startmotor	motor d'engegada	*motor de arranque*
Station	estació (f)	*estación (f)*
Steeksleutel	clau de tub	*llave tubular*

Steen	pedra	*piedra*
Stenotypist, -e	taquimecanògraf, -a	*taquimecanógrafo, -a*
Sterven	morir	*morir*
Stewardess	assistenta de vol hostessa d'avió	*azafata*
Stier	toro, brau	*toro*
Stieren, stieregevecht	toros (m pl)	*toros (m pl), corrida de toros*
Stilte	silenci	*silencio*
Stoel	cadira	*silla*
Stoep, trottoir	vorera	*acera*
Stoffenwinkel	teixits, teles	*tejidos*
Stofzuiger	aspirador (a)	*aspirador*
Stoofschotel	estofat	*estofado*
Stopcontact	endoll	*enchufe*
Stoplicht	llum de fre, semàfor	*luz de "pare", semáforo*
Stoppen	parar, aturarse	*parar*
Stortbui	xàfec	*chubasco*
Stoten, zich	donar-se un cop	*darse un golpe*
Straat	carrer	*calle (f)*
Straatlantaarn(s)	llum(s) (f) de carretera	*luz, luces de carretera*
Streep, scheiding	ratlla	*raya*
Strijken	planxar	*planchar*
Strijkijzer	planxa	*plancha*
Stripverhaal	dibuixos animats	*dibujos animados*
Stroom (electr.)	corrent (elèctric)	*corriente (eléctrica)*
Stropdas	corbata	*corbata*
Student, -e	estudiant, -a	*estudiante*
Studeren, leren	estudiar	*estudiar*
Studie	estudi(s)	*estudio(s)*
Studie volgen	fer / seguir estudis (de)	*hacer / seguir estudios (de)*
Stuk gaan	avariar-se	*averiarse*
Stuk taart	un tall de pastís	*un corte de pastel*
Sturen, verzenden	enviar, remetre,	*enviar, remitir*
Stuur	volant	*volante*
Suikerpot	sucrera	*azucarero, azucarera*
Super (benzine)	gasolina súper	*gasolina súper*
Super 8 film	pel·lícula super vuit	*película super ocho*
Supermarkt	supermercat	*supermercado*
Supporter	seguidor, -a	*seguidor, -a*

Symptoom	símptoma	*síntoma*
Synchroon-zwemmen	natació sincronitzada	*natación sincronizada*
Taal	llengua	*lengua*
Taalcursus	curs (de llengua)	*curso (de lengua)*
Taalgids	guia de conversa manual (de llengua)	*guía de conversación* *manual (de lengua)*
Tabak	tabac	*tabaco*
Tabakswinkel, kiosk	estanc, tabacs	*estanco, tabacos*
Tablet	comprimit, pastilla	*comprimido, pastilla*
Tablet chocola, reep	una rajola de xocolata	*una tableta de chocolate*
Tachtig	vuitanta	*ochenta*
Taekwondo	tae-kwondo	*tae-kwondo*
Tafel	taula	*mesa*
Tafellaken	(es)tovalles (f pl)	*mantel*
Tafeltennis, ping-pong	ping-pong, tennis taula	*ping-pong, tenis mesa*
Tafeltennis-speler, -ster	jugador, -a de ping-pong	*jugador, -a de ping-pong*
Taille	cintura	*cintura*
Takelwagen	grua	*grúa*
Talkpoeder	talc, pólvores de talc	*talco, polvos de talco*
Tampon	tampó	*tampón*
Tand	dent (f)	*diente (m)*
Tandarts	dentista, odontòleg, -òloga	*dentista,* *odontólogo, -a*
Tandenborstel	raspallet de dents	*cepillo de dientes*
Tandenstoker	escuradents	*palillos*
Tandpasta	pasta dentifrícia, pasta de dents	*pasta dentífrica,* *pasta de dientes*
Tang, nijptang	alicates (f pl)	*alicates (f pl), tenazas*
Tank (benzine)	dipòsit (de gasolina)	*depósito (de gasolina)*
Tapijt	catifa	*alfombra*
Tarief	tarifa	*tarifa*
Tas	bossa, borsa	*bolsa*
Tax Free Shop	botiga lliure	*tienda libre de*
Taxi	taxi	*taxi*
Taxichauffeur	taxista	*taxista*
Taximeter	taxímetre	*taxímetro*
Taxistandplaats	parada de taxis	*parada de taxis*

Te (veel)	massa	*demasiado, -a*
Team	equip	*equipo*
Teamsport	competició per equips	*competición por equipos*
Technicus	tècnic	*técnico*
Teddybeer	osset (de peluix)	*osito (de peluche)*
Tegen de middag	cap al migdia	*hacia (el) mediodía*
Te huur	per a llogar	*para alquilar*
Tekening	dibuix	*dibujo*
Tekstboek	llibre de text	*libro de texto*
Telefoon	telèfon	*teléfono*
Telefoon (apparaat)	aparell telefònic	*aparato telefónico*
Telefoon aannemen	contestar el telèfon	*contestar el teléfono*
Telefooncel	cabina telefònica	*cabina telefónica*
Telefooncentrale	centraleta	*centralita*
Telefoongesprek (binnenlands)	telefonada interurbana	*llamada interurbana*
Telefoonkaart	targeta telefònica	*tarjeta telefónica*
Telefoontje	trucada, telefonada	*llamada (telefónica)*
Telefoneren	telefonar, trucar per telèfon, fer una trucada	*telefonear, llamar por teléfono*
Telefoneren, automatisch	telefonada automàtica	*llamada automática*
Telegram	telegrama (m)	*telegrama (m)*
Telegram sturen	enviar / posar un telegrama	*enviar / poner un telegrama*
Telegram, telefonisch	telegrames per telèfon	*telegramas por teléfono*
Televisie	televisió (f), tele (f)	*televisión (f), tele (f)*
Televisietoestel	televisor, TV	*televisor, TV*
Telex	tèlex	*télex*
Telex sturen	enviar un tèlex	*enviar un télex*
Tellen, rekenen	comptar	*contar*
Temperaturen	prendre(-li) la temperatura	*tomar(le) la temperatura*
Temperatuur	temperatura	*temperatura*
Temperatuur, hoge	febre/temperatura alta	*fiebre/temperatura alta*
Temperatuur, koorts	febre (f),	*fiebre (f), temperatura, calentura*
Tennis	tennis	*tenis*
Tennisschoenen	sabates de tennis	*zapatos de tenis*

Tennis-speler, -ster	jugador, -a de tennis	*jugador, -a de tenis*
Tent	tenda (de campanya)	*tienda (de campaña)*
Tent afbreken	desmuntar la tenda	*levantar / desmontar la tienda*
Tentamens doen	fer exàmens	*hacer exámenes*
Tent opzetten	parar la tenda	*armar la tienda*
Terras	terrassa	*terraza*
Terugbetaling, tegen	contra reemborsament	*contra reembolso*
Terugkeer	tornada	*vuelta*
Tetanusprik	antitetànica	*antitetánica*
Tevoorschijn halen	treure	*tirar, sacar*
Theater	teatre	*teatro*
Theaterstuk	peça (teatral)	*pieza (teatral), obra*
Thee	te	*té*
Theelepel	cullereta	*cucharilla*
Thee met melk	te amb llet	*té con leche*
Thermometer	termòmetre	*termómetro*
Tien	deu	*diez*
Tienduizend-pesetabiljet	bitllet de deu mil	*billete de diez mil*
Tiende	desè, ena	*décimo, -a*
Tienkamp	decatló	*decatlón*
Tijdrit	carrera contra rellotge	*carrera contra reloj*
Tijdschriften-verkoper	quiosquer, -a, venedor de periòdics	*quiosquero, -a, vendedor de periódicos*
Timmerman	fuster	*carpintero*
Toegang, vrije	entrada lliure	*entrada libre*
Toegangsbewijs	entrada, localitat (f)	*entrada, localidad (f)*
Toen	llavors, aleshores	*entonces*
Toerist	turista	*turista*
Toeristengids	guia turístic, -a	*guía turístico, -a*
Toeristeninformatie	oficina de turisme	*oficina de turismo*
Toeristenklasse	classe turista	*clase turista*
Toernooi, internationaal	torneig internacional	*torneo internacional*
Toeschouwer, -ster	espectador, -a	*espectador, -a*
Toeslag	suplement	*suplemento*
Toestaan	permetre	*permitir*
Toestel (tel.)	extensió (f)	*extensión (f)*

Toestelturnen	gimnàstica amb aparells	*gimnasia con aparatos*
Toevoegen	afegir	*añadir*
Toilet, -ten	lavabo(s) (m pl)	*lavabo(s) (m pl)*
Toiletpapier	paper higiènic	*papel higiénico*
Tol	de peatge, de pagament	*peaje, pago*
Tolk	intèrpret	*intérprete*
Tomaat	tomàquet, tomata	*tomate*
Tomatensalade	amanida de tomàquet	*ensalada de tomate*
Tomatensap	suc de tomàquet	*zumo de tomate*
Tomatensaus	salsa de tomàquet	*salsa de tomate*
Tomatensoep	sopa de tomàquet	*sopa de tomate*
Ton	tonelada	*tonelada*
Toneel, podium	escenari	*escenario*
Tonen	mostrar (ensenyar)	*mostrar, enseñar*
Tong	llenguado	*lenguado*
Tonic	aigua tònica	*agua tónica*
Tonijn	tonyina	*atún*
Tornado	tornado	*tornado*
Totaal	total	*total*
Totale uitverkoop	liquidació total	*liquidación total*
Tot morgen!	fins demà!	*¡hasta mañana!*
Tot ziens!	fins aviat!, a reveure!	*¡hasta luego!, ¡hasta la vista!*
Tot zo!	fins ara	*hasta ahora*
Touringcar	autocar	*autocar*
Trampoline- en polsstokspringen	salt(s) de trampolí i de palanca	*salto(s) de trampolín y de palanca*
Tractor	tractor	*tractor*
Tragedie	tragèdia	*tragedia*
Trainer	entrenador, -a	*entrenador, -a*
Trainen	entrenar(-se)	*entrenar(se)*
Training	entrenament	*entrenamiento*
Tram	tramvia (m)	*tranvía (m)*
Trampoline en polsstokspringen	salt(s) de trampolí i de palanca	*salto(s) de trampolín y de palanca*
Trampoline-springer, -ster	saltador, -a de trampolí	*saltador, -a de trampolín*
Transfusie	transfusió (f)	*transfusión (f)*
Transpireren	suar, transpirar	*sudar, transpirar*
Trap	escala	*escalera*
Trein	tren	*tren*

Trein op lange trajecten	tren de llarg trajecte	*tren de largo recorrido*
Trein, regionale	tren / ferrocarrils de rodalies	*tren / ferrocarriles de cercanías*
Trekken (tand)	extracció (f)	*extracción (f)*
Trekken	estirar	*tirar*
Treurig	trist, -a	*triste*
Tribune	tribuna	*tribuna*
Trimester	trimestre	*trimestre*
Trofee	trofeu	*trofeo*
Trolleybus	troleibús	*trolebús*
Trouwen	casar-se,	*casarse*
T-shirt	camiseta, samarreta	*camiseta*
Tubercolose	tuberculosi (f)	*tuberculosis (f)*
Tuin	jardí	*jardín*
Tulp	tulipa	*tulipán*
Turner, turnster	gimnasta	*gimnasta*
Turron (nougat-achtige lekkernij)	torró	*turrón*
Tussenlanding maken	fer escala	*hacer escala*
TV	televisor, TV	*televisor, TV*
Twaalf	dotze	*doce*
Twaalfde	dotzè, -ena	*duodécimo, -a*
Twee	dos, dues	*dos*
Tweede	segon, -a	*segundo, -a*
Tweede klas wagon	vagó de segona (classe)	*coche de segunda (clase)*
Tweederde	dos terços	*dos tercios*
Tweeduizend	dos mil	*dos mil*
Twee helften	dos temps	*dos tiempos*
Tweehonderd	dos-cents, dues-centes	*doscientos, -as*
Tweëntwintig	vint-i-dos, -dues	*veintidós*
Tweepersoonsbed	llit de matrimoni	*cama de matrimonio*
Tweepersoonskamer	habitació doble,	*habitación doble*
Tweeriems (roeien) met stuurman, zonder stuurman	dues (remeres) amb timoner, sense timoner	*dos (remeros) con timonero, sin timonero*
Twee weken geleden	fa dues setmanes	*hace dos semanas*
Tweezitter	biplaça	*biplaza*
Twintig	vint	*veinte*
Typemachine	màquina d'escriure	*máquina de escribir*
Typisch Catalaanse keuken	cuina típica catalana	*cocina típica catalana*

Typisch Spaanse keuken	cuina típica espanyola	*cocina típica española*
U (aanspreekvorm)	vostè, vostès	*usted, ustedes*
Ui	ceba	*cebolla*
Uitbreiden, vergroten	ampliar	*ampliar*
Uitbreiding, vergroting	ampliació (f)	*ampliación (f)*
Uit de oven	al forn	*al horno*
Uitgaan	sortir	*salir*
Uitgang	sortida	*salida*
Uitgeven	gastar	*gastar*
Uitlaat	tub d'escapament	*tubo de escape*
Uitlenen	manllevar	*prestar, pedir prestado*
Uitnodigen	convidar	*invitar*
Uitnodiging	invitació	*invitación*
Uitrusten	descansar	*descansar*
Uitschakelen	apagar, desconnectar	*apagar, desconectar*
Uitspraak	pronúncia	*pronunciación (f)*
Uitspreken	pronunciar	*pronunciar*
Uitstappen (uit een voertuig)	baixar (d'un vehicle)	*bajar (de un vehículo)*
Uittrekken	treure, arrencar	*sacar, arrancar, extraer*
Uitverkoop	rebaixa, liquidació (f) saldos, rebaixes	*rebaja, liquidación (f) saldos, rebajas*
Uitvoering	representació (f)	*representación*
Universiteit	universitat (f)	*universidad (f)*
Urine-onderzoek	anàlisi d'orina (f)	*análisis de orina (m)*
Uur	hora	*hora*
Uur, precieze	hora exacta	*hora exacta*
Uw	vosaltres (m pl)	*vosotros (m), vosotras (f)*
Vaak, dikwijls	sovint	*a menudo*
Vader	pare	*padre*
Vak, branche	especialitat (f), carrera	*especialidad (f), carrera*
Valencia	València	*Valencia*
Valenciaan, -se	valencià -ana	*valenciano -a*
Vals	fals, -a	*falso, -a*
Vanaf morgen	a partir de demà	*a partir de mañana*

Vandaag	avui	*hoy*
Van boord	de bord	*de a bordo*
Van boord gaan	desembarcar	*desembarcar*
Van daaruit	des d'allí	*desde allí*
Van de gril	a la graella	*a la parrilla*
Van hem, haar; van u, hun	seu, seva	*suyo, -a; su*
Van hem / haar	d'ell, d'ella	*de él, de ella*
Van hen	d'ells, d'elles, llur	*de ellos, de ellas*
Van hier af	des d'aquí	*desde aquí*
Van jullie	vostre, -a	*vuestro, -a*
Vanille-ijs	gelat de vainilla	*helado de vainilla*
Van nu af aan	des d'avui	*de hoy en adelante*
Vanochtend	aquest matí	*esta mañana*
Van u	de vostè	*de usted*
Van u (mv)	de vostès	*de ustedes*
Vanzelfsprekend	no cal dir	*por supuesto*
Varken	porc	*cerdo*
Varkenskotelet	costella de porc	*chuleta de cerdo*
Varkenslende	llom de porc	*lomo de cerdo*
Vedette, ster	star	*star*
Veel, zeer	molt, -a	*mucho, -a*
Veel dank	moltes gràcies	*muchas gracias*
Veer, pen	ploma	*pluma*
Veertien	catorze	*catorce*
Veertig	quaranta	*cuarenta*
Veiligheidscontrole	control de seguretat	*control de seguridad*
Veiligheidsgordel	cinturó de seguretat	*cinturón de seguridad*
Veld	camp	*campo*
Veldhockey	hoquei sobre herba	*hockey sobre hierba*
Veldhockey-speler	jugador d'hoquei sobre herba	*jugador de jockey sobre hierba*
Ventiel	vàlvula	*válvula*
Venusmossel	cloïssa, copinya	*almeja*
Verandering	canvi	*cambio*
Veranderlijk	variable	*variable*
Verband	bena	*venda*
Verbinden	connectar	*conectar*
Verbinding	connexió	*conexión*
Verboden	prohibit, -ida	*prohibido, -a*
Verboden toegang	prohibit el pas	*prohibido el paso*
Verdorie!	caram / carai / ostres!	*¡caramba! ¡ostras!*
Verdoving	injecció anestèsica	*inyección anestésica*

Verenigen	unir	*unir*
Verenigde Staten	Estats Units	*Estados Unidos*
Verf	pintura	*pintura*
Vergeten	oblidar	*olvidar*
Vergif	metzina, verí	*veneno*
Vergiftiging	intoxicació (f)	*intoxicación (f)*
Verhaal	conte	*cuento*
Verhalenboek voor kinderen	llibre de contes infantils	*libro de cuentos infantiles*
Verjaardag	aniversari (del naixement)	*cumpleaños*
Verkeer	trànsit	*tránsito*
Verkeerspolitie	policia de trànsit	*policía de tráfico*
Verkeersteken	senyal de circulació	*señal (f) de tráfico*
Verkiezen	preferir	*preferir*
Verkoop	venda	*venta*
Verkopen	vendre	*vender*
Verkoper, -ster	dependent, -a, venedor, -a	*dependiente, -a , vendedor, -a*
Verkouden worden	refredar-se	*resfriarse*
Verkoudheid, kou	refredat, constipat	*resfriado, constipado*
Verlicht, belicht	els llums, enllumenat	*las luces, alumbrado*
Verlichting	enllumenat	*alumbrado*
Verliezen	perdre	*perder*
Verliezer	perdedor, -a	*perdedor, -a*
Verloofde	nuvi, promès	*novio*
Verlovingsring, trouwring	aliança, anell de casament	*alianza, anillo de boda*
Vermicelli	pastes de sopa	*pastas de sopa*
Vermindering	reducció (f)	*reducción (f)*
Vermoeiend, lastig	fatigant, pesant, pesat, -ada	*pesado, -a*
Vernemen, leren	assabentar-se, aprendre	*enterarse, aprender*
Verontschuldigen	perdonar	*perdonar*
Verplicht	obligatori, -òria	*obligatorio, -a*
Verplichten	obligar	*obligar*
Verrassen	sorprendre	*sorprender*
Verrassing	sorpresa	*sorpresa*
Vers	fresc	*fresco*
Verslaan	derrotar	*derrotar*
Verslagen zijn	ser vençut, -uda	*ser vencido, -a*
Versnelling (auto)	marxa	*marcha*

Versnellingspook	palanca de canvi de marxes	*palanca de cambio de marchas*
Verspringen	salt de llargada	*salto de longitud*
Verstopping	estrenyiment	*estreñimiento*
Verstuiken, ontwrichten	dislocar-se, desllorigar-se	*dislocar, dislocarse*
Vertalen	traduir	*traducir*
Vertellen	contar	*contar*
Vertraging	retard	*retraso*
Vertraging hebben	anar retardat / endarrerit, portar retard	*ir atrasado, llevar retraso*
Vertrekken	partir	*partir*
Vervelen, zich	avorrir-se	*aburrirse*
Verven (textiel)	tenyir	*teñir*
Vervolgen	continuar, seguir	*continuar, seguir*
Verwarmen, zich	escalfar-se	*calentarse*
Verwarming	calefacció (f)	*calefacción (f)*
Verwarren	confondre	*confundir*
Verwonden, zich	ferir-se, quedar ferit	*herirse, resultar herido*
Verzamelen (postzegels)	col·leccionar (segells)	*coleccionar (sellos)*
Verzegelen	lacrar, enlacrar	*lacrar*
Verzekerde	assegurat, -ada	*asegurado, -a*
Verzekeren	assegurar	*asegurar*
Verzekering	assegurança	*seguro, aseguramiento*
Verzenden (brief)	remetre, enviar, trametre	*remitir, enviar*
Verzilverd	argentat, -ada	*plateado, -a*
Vestigen (een record)	establir (un rècord)	*establecer (un récord)*
Veters	cordons	*cordones*
Video	vídeo (m)	*vídeo (m)*
Videocamera	cambra de vídeo	*cámara de vídeo*
Vier	quatre	*quatro*
Vierentwintig	vint-i-quatre	*veinticuatro*
Vierhonderd	quatre-cents, centes	*cuatrocientos, -as*
Vierkante kilometer	quilòmetre quadrat	*kilómetro cuadrado*
Vierkante meter	metre quadrat	*metro cuadrado*
Vierriems (roeiers) met stuurman	quatre (remers) amb timoner	*cuatro (remeros) con timonel*
Vierriems skul	quadruple scull	*cuádruple scull*
Vierzitter	quatre places	*cuatro plazas*

Vijf	cinc	*cinco*
Vijfde	cinquè, -ena	*quinto, -a*
Vijfhonderd	cinc-cents, -centes	*quinientos, -as*
Vijfkamp, deelnemer aan	penthatlonista	*penthatlonista*
Vijf minuten geleden	fa cinc minuts	*hace cinco minutos*
Vijftien	quinze	*quince*
Vijftig	cinquanta	*cincuenta*
Vijg	figa	*higo*
Vinden	encontrar, trobar	*encontrar, hallar*
Vinger	dit(s)	*dedo(s)*
Vingernagel, -s	ungla, ungles	*uña(s)*
Vis	peix	*pez, pescado*
Vis, schelpdier	peix, marisc	*pescado, marisco*
Visschotel, gegrilde	graellada de peix	*parrillada de pescado*
Vissen (met hengel)	pescar (amb canya)	*pescar (con caña)*
Vissoep	sopa de peix	*sopa de pescado*
Visum	visat	*visado*
Viswinkel	peixateria	*pescadería*
Vitamine	vitamina	*vitamina*
Vlees	carn (f)	*carne (f)*
Vleesschotel (koud)	assortiment de carn freda	*surtido de fiambres*
Vleeswaren	embotits	*embutidos*
Vlek	taca	*mancha*
Vlekkenwater	llevataques	*quitamanchas*
Vlekken maken	tacar	*manchar*
Vliegen	volar	*volar*
Vlieghaven	aeroport	*aeropuerto*
Vliegtuig	avió	*avión*
Vliegtuigmodelbouw	aeromodelisme	*aeromodelismo*
Vlinder	papallona	*mariposa*
Vlinderslag	estil papallona	*estilo de mariposa*
Vloeitjes (shag)	paper de fumar	*papel de fumar*
Vlucht	vol	*vuelo*
Vochtigheid	humitat (f)	*humedad (f)*
Voelen	sentir	*sentir*
Voertuig	vehicle(s)	*vehículo(s)*
Voet, voeten	peu(s)	*pie(s)*
Voetbal	futbol	*fútbol, balonpié*
Voetbal-scheidsrechter	àrbitre de futbol	*árbitro de fútbol*
Voetbalspeler	futbolista	*futbolista*

Voetbalveld	camp de futbol	*campo de fútbol*
Voetganger	vianant	*peatón*
Voetgangers-tunnel	pas subterrani / inferior	*paso subterráneo/ inferior*
Voetzool	planta del peu	*planta (del pie)*
Vol	ple, -ena	*lleno, -a*
Volgend jaar	l'any que ve	*el año que viene*
Volgende week	la setmana que ve	*la semana que viene*
Volleybal	voleibol	*voleibol, balonvolea*
Volleybalspeler, -ster	jugador, -a de voleibol	*jugador, -a de voleibol*
Volledig	completament	*completamente*
Vol pension	pensió completa	*pensión completa*
Voltage, spanning	voltatge	*voltaje*
Voor	davant	*delante*
Voor alle leeftijden	apta, tots els públics	*apta, todos los públicos*
Voorbijgaan	passar	*pasar*
Voorfilm	curt-metratge	*cortometraje*
Voorgerecht	entremès, entrant	*entremés, entrante*
Voorhoofd	front (m)	*frente (f)*
Voorjaar	primavera	*primavera*
Voorkeur, voorrang	preferència	*preferencia*
Voorlopen	avançat	*ir adelantado*
Voorrang geven	cediu el pas	*ceder el paso*
Voorronde(n)	eliminatòria(es)	*eliminatoria(s)*
Voorruit	brisa, parabrisa (m)	*brisa, parabrisas*
Voorschrijven	receptar	*recetar*
Voorstellen	presentar	*presentar*
Voorstelling	espectacle	*espectáculo*
Voortreffelijk	excel·lent	*excelente*
Vooruit	endavant	*adelante*
Voorverkoop van kaartjes	venda anticipada de bitllets	*venta anticipada de billetes*
Voorwas	bugada	*colada*
Voorwerp	objecte	*objeto*
Vork	forquilla	*tenedor*
Vorst	glaçada	*helada*
Vraag	pregunta, qüestió (f)	*pregunta, cuestión (f)*
Vrachtwagen	camió	*camión*
Vragen	preguntar	*preguntar*
Vrezen	témer	*temer*
Vrieskist, vriesvak	congelador	*congelador*

Vrij	lliure	*libre*
Vrijdag	divendres	*viernes*
Vrije dag	(dia m) festiu	*(día m) festivo*
Vrije expressie (gymnastiek)	gimnàstica artística	*gimnasia artística*
Vrije stijl	estil lliure	*estilo libre*
Vrij pistoolschieten	pistola (lliure)	*pistola (libre)*
Vrij worstelen	lluita lliure	*lucha libre*
Vroeg	d'hora	*temprano*
Vroeger / eerder	abans	*antes*
Vrolijk, blij	alegre	*alegre*
Vrouw	dona, muller	*mujer*
Vrouwelijk	femení, -ina, de dones	*femenino, -ina, de mujeres*
Vrouwen	dones	*señoras*
Vruchtenjoghurt	iogurt de fruites	*yogur de frutas*
Vruchtensap	suc de fruita	*zumo de fruta*
Vuilnis	escombraries (f pl)	*basura*
Vuilniszak	bossa d'escombraries	*bolsa de basura*
Vullen	omplir	*llenar*
Vulling, onderdeel	mina, recanvi	*mina, recambio*
Vulling (tand)	empastament	*empaste*
Vuursteentjes	pedres per a l'encenedor	*piedras para mechero*
Vuurtoren	far	*faro*
Waaier	ventall	*abanico*
Waar?	on?	*¿dónde?*
Waarde	valor	*valor*
Waard zijn / gelden	valer	*valer*
Waarheid	veritat (f)	*verdad (f)*
Waarom?	per què?	*¿para qué?*
Waarschijnlijk	probable, probablement	*probable, probablemente*
Waarschuwing	avís	*aviso*
Wachtlijst	llista d'espera	*lista de espera*
Wachtzaal	sala d'espera	*sala de espera*
Wagen, wagon	vagó, cotxe	*coche, vagón*
Wakker worden	despertar	*despertar*
Walnoot	nou (f)	*nuez (f)*
Wandelen	passejar	*pasear*
Wandeling	passeig, passejada	*paseo*
Wandelsport	excursionisme	*excursionismo*

Wang(en)	galta(-es)	*mejilla(s)*
Wanneer?	quan?	*¿cuándo?*
Warenhuis	gran magatzem	*gran almacén*
Warm	calent, -a	*caliente*
Warming-up	escalfament	*calentamiento*
Warming-up ruimte	sala d'escalfament	*sala de calentamiento*
Warmte	calor (f)	*calor*
Was	cera	*cera*
Wasknijper, -s	agulla(-es) d'estendre	*pinza(s) de ropa*
Wasmachine	rentadora	*lavadora*
Wasmiddel	detergent	*detergente*
Wassen	rentar	*lavar*
Wassenbeelden-museum	museu de cera	*museo de cera*
Wasserette	tintoreria, bugaderia	*tintoreria, lavandería*
Wat?	què?	*¿qué?*
Water	aigua	*agua*
Water, gas, electriciteit	gas, electricitat	*luz, electricidad*
Watergolven	marcar	*marcar*
Water, koud en warm -	agua freda i calenta	*agua fría y caliente*
Watermeloen	síndria	*sandía*
Waterpokken	varicel·la	*varicela*
Waterpolo	waterpolo	*waterpolo, polo acuático*
Waterpolospeler	waterpolista	*waterpolista*
Waterski	esquí aquàtic	*esquí acuático*
Water, stromend	aigua corrent	*agua corriente*
Watten	cotó (fluix)	*algodón en rama*
WC	wàter	*water*
Wedstrijd	proves, prova, competició	*pruebas, prueba, competición*
Wedstrijd (gehele)	concurs complet	*concurso completo*
Wedstrijden	proves / curses de ruta	*pruebas / carreras de ruta*
Weduwnaar, weduwe	vidu, vídua	*viudo, -a*
Week	setmana	*semana*
Weersgesteldheid	meteorologia	*meteorología*
Weet je dat zeker?	vols dir?, vol dir?	*¿estás/está seguro, -a?*
Weg	carretera, camí	*carretera, camino*

Weg (grote, brede)	ronda	*ronda*
Wegen	pesar	*pesar*
Weghalen	treure	*sacar, retirar*
Weinig	poc, -a	*poco, -a*
Wekelijks	setmanalment	*semanalmente*
Wekker	despertador	*despertador*
Welke?	el qual, la qual quin, quina?	*¿el cuál, la cual?, ¿cuál?*
Welkom	benvingut!, benvinguda!	*¡bienvenido!, ¡bienvenida!*
Wenden, draaien	virar	*virar*
Wenden, zich tot iem.	dirigir-se	*dirigirse*
Wenkbrauw(en)	cella, celles	*ceja(s)*
Wenkbrauwpotlood	llapis per a les celles	*lápiz para cejas*
Wens, verlangen	desig, anhel	*deseo*
Wensen	desitjar	*desear*
Wereldkampioen	campió, -ona del món, -mundial	*campeón, -ona del mundo, -mundial*
Wereldkampioen-schap	campionat mundial	*campeonato mundial*
Wereld-/ Landelijk record	rècord mundial/nacional	*récord mundial /nacional*
Wereldrecord-houder	l'actual detentor del rècord mundial, plusmarquista	*el actual detentor del record mundial, plusmarquista*
Werk	obra, treball, feina	*obra, trabajo*
Werkdag	dia (m) feiner	*día (m) laborable*
Werkeloos zijn	estar parat	*estar parado*
Werken	treballar	*trabajar*
Werkplaats, atelier	taller	*taller*
Werkster	dona de fer feines	*asistenta*
Westen	oest	*oeste*
Western	pel·lícula de l'oest	*película del oeste*
Weten	saber	*saber*
Whisky	whisky	*whisky*
Wie?	qui?	*¿quién?*
Wiel	roda	*rueda*
Wielerbaan	velòdrom	*velódromo*
Wielersport	ciclisme	*ciclismo*
Wielrennen	cursa de velocitat	*carrera de velocidad*
Wielrenner, fietser	ciclista	*ciclista*
Wiener schnitzel	escalopa a la vienesa	*escalope a la vienesa*
Wij	nosaltres (m f)	*nosotros (m), nosotras (f)*

Wijk, stadsdeel	barri	*barrio*
Wijn	vi	*vino*
Wijnkaart	carta de vins	*carta de vinos*
Wilde gans	oca salvatge	*ganso salvaje*
Wild zwijn	senglar, porc senglar	*jabalí*
Willen	voler	*querer*
Wimper, -s	pestanya(-es)	*pestaña(s)*
Wind	vent	*viento*
Windsurfen	windsurfing, surf de vela	*windsurfing, surf de vela*
Winkel	botiga, comerç	*tienda, comercio*
Winkelcentrum	centre comercial	*centro comercial*
Winkelier	comerciant, -a	*comerciante*
Winnaar, winnares	guanyador, -a, triomfador, -a, vencedor, -a	*ganador, -a, triunfador, -a, vencedor, -a*
Winnen, over-	guanyar	*ganar*
Winter	hivern	*invierno*
Wisselen	canviar	*cambiar*
Wisselkoers	tipus de canvi, cotització,	*tipos de cambio, cotización,*
Wisselslag, 400m	quatre estils	*cuatro estilos*
Wit	blanc, -a	*blanco, -a*
Witte bonen	mongetes seques	*alubias*
Witte wijn	vi blanc	*vino blanco*
Woensdag	dimecres	*miércoles*
Wol	llana	*lana*
Wolk	núvol	*nube (f)*
Wond, gewond	ferida	*herida*
Woonplaats	domicili, residència	*domicilio, residencia*
Woord	paraula	*palabra*
Woordenboek	diccionari	*diccionario*
Worst, Catalaanse	botifarra	*butifarra*
Worst, snij- (droog en pittig)	fuet sec	*longaniza*
Worstelen, gevecht	lluita	*lucha*
Wortel	pastanaga	*zanahoria*
Yen, -s, Japanse	ien(s) japonès(os)	*Yen(es)japonés(es)*
Zaal	sala	*sala*
Zacht (stem)	en veu baixa	*en voz baja, bajo*
Zaklantaarn	llanterna	*linterna*

Zakdoek	mocador (de butxaca)	*pañuelo (de bolsillo)*
Zakwoorden-boek	diccionari de butxaca	*diccionario de bolsillo*
Zalf, pommade	pomada, ungüent	*pomada, ungüento*
Zalm	salmó	*salmón*
Zand	sorra	*arena*
Zanger, -es	cantant	*cantante*
Zarzuela van vis en schelpdieren	sarsuela de peix i marisc	*zarzuela de pescado y marisco*
Zaterdag	dissabte	*sábado*
Zebrapad	pas de vianants	*paso cebra*
Zee	mar (m/f)	*mar (m /f)*
Zeeman	mariner	*marinero*
Zeep (stukje)	(pastilla de) sabó	*(pastilla de) jabón*
Zeer	molt	*muy*
Zeer goed	molt bé	*muy bien*
Zeer veel	moltíssim, -a	*muchísimo, -a*
Zeeziekte	mareig, mal de mar	*mareo*
Zegellak	lacre	*lacre*
Zeggen	dir	*decir*
Zegt u het maar	digui!, digui'm!	*diga!, ¡digame!*
Zeilboot	barca de vela	*barca de vela*
Zeilen, zeilsport	vela, esport de vela	*vela, deporte de vela*
Zeker	segurament	*seguramente*
Zekering	fusible	*fusible*
Zelfbediening	autoservei	*autoservicio*
Zending	tramesa	envio
Zes	sis	*seis*
Zesde	sisè, -ena	*sexto, -a*
Zeshonderd	sis-cents, -centes	*seiscientos, -as*
Zestien	setze	*dieciséis*
Zestig	seixanta	*sesenta*
Zetpil	supositori	*supositorio*
Zeven	set	*siete*
Zevende	setè, -ena	*séptimo, -a*
Zevenhonderd	set-cents, -centes	*setecientos, -as*
Zevenkamp	heptatló	*heptatlón*
Zeventien	disset	*diecisiete*
Zeventig	setanta	*setenta*
Zich bevinden	trobar-se	*encontrarse, hallarse*
Zich vergissen	enganyar-se, equivocar-se	*engañarse, equivocarse*

Ziek, ziek zijn	malalt, -a, estar malalt, -a	*enfermo, -a, estar enfermo*
Zieke, de	malalt, -a, pacient	*enfermo, -a, paciente*
Ziekenhuis	hospital	*hospital*
Ziekte	malaltia	*enfermedad*
Ziekte, besmettelijke -	malaltia contagiosa	*enfermedad contagiosa*
Ziekte, chronische -	malaltia crònica	*enfermedad crónica*
Ziekenverpleger, -verpleegster	infermer, -a	*enfermero, -a*
Ziek worden	emmalaltir-se, posar-se malalt	*enfermarse, caer enfermo*
Zij (m,v / enk)	ell, ella	*ello, ella*
Zij (m,v / mv)	ells, elles	*ellos, ellas*
Zijde	seda	*seda*
Zij / hij heeft zich vergist	s'ha equivocat	*se ha equivocado*
Zijn, zich bevinden	ésser, estar	*estar*
Zijstraat	travessia	*travesía*
Zilver	argent, plata	*plata*
Zilveren medaille	medalla d'argent	*medalla de plata*
Zingen	cantar	*cantar*
Zitplaats	butaca	*butaca*
Zitplaats, plaats	seient, plaça, butaca	*asiento, plaza, butaca*
Zitten, gaan	asseure's	*sentarse*
Zo	així	*así*
Zoet	dolç	*dulce*
Zoet, zacht	dolç, -a, suau	*dulce, suave*
Zoet- en zoutwatervissen	peixos d'aigua dolça i de mar	*peces de agua dulce y de mar*
Zoete wijn	vi dolç	*vino dulce*
Zomer	estiu	*verano*
Zon	sol	*sol*
Zondag	diumenge	*domingo*
Zonder scheiding	sense ratlla	*sin raya*
Zonnebrand	bronzejador, loció bronzejadora	*bronceador, loción bronceadora*
Zonnebrandcrème	crema solar	*crema solar*
Zonnebril	ulleres de sol	*gafas de sol*
Zonnen	prendre el sol	*tomar el sol*
Zonnesteek	insolació (f)	*insolación (f)*
Zool	sola	*suela*
Zoon, dochter	fill, -a	*hijo, -a*

Zo snel mogelijk	com més aviat millor	*lo antes posible*
Zout	sal (f)	*sal (f)*
Zouten	posar-hi sal	*ponerle sal*
Zoutvaatje	saler	*salero*
Zoveel, evenveel	de tant -a..., quant -a	*tanto -a ..., cuanto -a*
Zuiden	sud	*sur*
Zuiveringszout	bicarbonat sòdic	*bicarbonado sódico*
Zuiver scheerwol	pura llana verge	*pura lana virgen*
Zuster	germana	*hermana*
Zuster, oudere	germana gran	*hermana mayor*
Zuster, jongere	germana petita	*hermana pequeña*
Zuur	àcid, -a	*agrio, -a, ácido, -a*
Zwaar	pesat, -ada	*pesado, -a*
Zwager, schoonzuster	cunyat, -ada	*cuñado, -a*
Zwak	feble	*débil*
Zwaluw	oreneta	*golondrina*
Zwanger zijn	esperar un nen, estar prenyada	*esperar un niño, estar embarazada*
Zwart	negre, -a	*negro, -a*
Zwart-wit film	pel·lícula en blanc i negre	*película en blanco y negro*
Zweefvliegtuig	planador	*planeador*
Zweefvlucht	vol sense motor, planatge	*vuelo sin motor, planeo*
Zwembad	piscina	*piscina*
Zwembroek	eslip	*bañador*
Zwemmen	nedar, natació	*nadar, natación*
Zwemmen, baden	banyar-se	*bañarse*
Zwemmer, zwemster	nedador, -a	*nadador, -a*
Zwemschoenen	sabatilles de bany	*zapatillas de baño*
Zwemwedstrijd	competició de natació	*competición de natación*
Zwitserse francs	franc suís, francs suïssos	*franco(s) suizo(s)*
Zwoel, drukkend	xafogor (f)	*bochorno*

15. TREFWOORDEN